天下文化

BELIEVE IN READING

財經企管 BCB706

住房自由的人生

房地產專家張金鴞教你
活用七三法則、大數據，找回 居住自主權

張金鴞——著

目錄

第二部 掌握七三法則，透視購屋五大元素

第三部

活用大數據，自己的房屋功課自己做

第四部 認識人與房屋的生命週期

自序
用心做功課，不被房屋所綁架

個人從事房地產教育與研究三十多年，培養許多優秀的產官學相關從業人員，其間也曾受邀擔任台北市副市長實現居住正義的理想。加上長期努力實踐房地產所學專業，去年（二〇一九）屆齡退休，也成功換屋，開始享受快樂的山居歲月第三人生。

累積了幾十年對房地產的認知，退休後的我決定將過去在媒體（主要是《蘋果日報》）撰寫的專欄文章、長期累積發表在國內外學術期刊研究成果、在之前政大及現在清華的教學心得、多次在各地的演講內容、退休前後擔任多年「台灣土地銀行」常務董事以及參與「好時價」公益平台的經驗，撰寫成這本新書，分享個人對住房自由的人生實踐與心得。

我自己的住房人生哲學是：「利人利己、量力而為、健康樂活且快樂舒適的住房自由。」最後達到「NPV＝0（人生淨現值為零），在宅老化的尊嚴生活。」我從出生到目前退休共住過二十一個房子，其中從小到大學前，跟隨父母住過台北四處地方，然後大學及出國留學期間，都是住學校宿舍或校外租屋。碩、博士來回兩次，回國後剛開始工作或教學也都是先租屋，直到政大教書的第二年（一九八八）才開始購買我人生的第一屋，五樓公寓的第三層。經過七年後，一九九四年買了政大河堤邊十樓有景觀的第九層華廈，那是我人生的第二屋，其間有幾次因為科技部及Fullbright獎學金去歐洲、美國及日本擔任短期訪問學者，也較深入體驗了國外的租屋生活。

後來經過多年，父母親年紀大，擔心他們爬樓梯不方便，剛好我們住的同棟樓上十樓要賣，我們決定買下我們的第三屋，讓爸媽搬過來和我們同鄰而居。由於我們對第一屋很有感情，決定先出租，其間曾因碰過惡房客，後來就只租給我的學生或親友。我也曾試圖整合第一屋近百戶鄰居，做為我實踐都市更新的真實案例，但後來借調去台北市政府服務，就暫停都更計畫，其間也提供做為台北市第一位愛心房東案例，感受到利人利己的住房經驗。

一直到二〇一九年因為退休換屋，很不捨將第一屋及第二屋賣掉，並將爸爸現住的第三屋抵押貸款，才完成我們人生最後的換屋夢想。

回想我自己這一生，感到很幸運，前後四個自有房屋的貸款都能在三～五年內全部還清，居住空間及生活環境也都很滿意，沒有受到住房的壓力困擾。一生中這二十一間包含租賃與自有的房屋，讓我和太太兩人都充滿快樂美好的感情回憶，實現自我住房的自由人生。

要做正確住房決策，就要先做功課

然而，每個人的生活經驗、財務能力、居住偏好還有人生價值觀都不相同，房地產消費與投資的住房選擇當然不可能完全相同。面對當前高房價的壓力困境，如何使自己不要被房屋所綁架，避免產生住房或租／買房屋的焦慮與恐慌，找回居住人生的自主權，是我撰寫此書的主旨。

由於房地產是許多人一生中最昂貴的資產，也是家庭生活不可或缺的避風港，房屋個案租買選擇的決策，將影響每個人是否快樂舒適的生活，甚至財富累積的增減，如此重大決策不應只是憑著個人的運氣與直覺，顯然大家對住房基本的心中之尺及市場之尺都必須「用心做功課」，才能讓自己有個住房自由的人生！

透過大數據及人工智慧技術掌握好房價、好產品、好管理、好區位及好時機等五大房屋關鍵元素，同時釐清上述相關元素的可能衝突與選擇，才能讓自己成為房子的主人而不至於成為房奴。

此外，不論剛進入社會的年輕人、新婚的年輕夫妻、中年有小孩的夫婦或是子女離巢退休的老夫老妻，應該如何面對不同生命週期的住房自由人生？找到自己心目中負擔得起的好房子，讓自己住得舒適，為自己找回住房的快樂人生，也是本書另一個探討的重點。

本書共分四個部分，並加入「張金鶚教室」專欄，以不同的故事、個案及對話，呈現不同個案的內涵與多元價值。第一部是「買房、租房前要知道的事」，建立房地產的一些基本觀念；第二部是「掌握七三法則，透視購屋五大元素」，幫助大家掌握購屋住房的關鍵因素，藉此認識個人購屋居住消費與投資賺錢的可能衝突與選擇平衡點；第三部是「活用大數據，自己的房屋功課自己做」，透過各種大數據資料庫，以及人工智慧技術，學習充分運用房地產「好時價」自動估價系統的公益平台，自己輕鬆做功課，以掌握房地產最核心的即時價格相關資訊，不會過度擔心因為自己缺乏經驗而受到業者的矇騙；第四部是「認識人與房屋的生命週期」，體認在不同生命週期中可能遭遇的住房經歷，期盼每個人在人生每個階段都能有快樂自由的住房人生。

本書得以完成，首先要感謝遠見天下文化陳珮真的協助，透過她的統籌與編輯，才能讓此書如此豐富呈現、出版。其次，我要特別感謝長期好友劉育菁在極短期間答應全力協助完成「張金鶚教室」的訪談初稿，讓本書的內容更為充實完整。另外，我也要謝謝《蘋果日報》專欄主編郭淑媛，透過她的長期邀稿，讓我能累積豐碩的文稿。除此之外，也感謝遠見天下文化總編輯吳佩穎及行銷同仁的全力協助，才讓此書能夠順利與讀者分享。最後，特別要謝謝太太麗芬，她和我共同完成住房自由的人生夢想。

謹以此書獻給關心台灣房市健全合理、以及身處住房壓力困擾的每一位讀者，更期盼政府相關單位、政治人物及產學各界，能夠體認全民對住房自由人生的渴望，大家一起共同努力改善台灣人民的住房人生。

01

買房、租房前要知道的事

拚房產不等於拚經濟、拚生活

大家必須認清：低價擁有房屋的時代已經過去，
現在拚房產絕對不等於拚經濟、拚生活。

「拚經濟」儼然成為全民共識，但是為了拚經濟而忽略生活居住品質，這就本末倒置了。

前一陣子因為我個人退休換屋，以改善未來的生活品質，竟引發媒體與社會的關注與爭議，甚至還有立法委員藉此在國會殿堂質詢央行總裁，令人不解與遺憾。我一向主張購屋需求、負擔能力與居住品質才是重點，如果只是一味聚焦在購屋時機與房價高低，那才真的是劃錯重點。感慨大家應該認清**個人努力投資賺錢或國家拚經濟只是手段，改善生活品質才是我們追求的目的**。

在三二九售屋檔期，有部分業者將我「個人買屋」的行為，渲染為購屋進場良機，故意略而不提這其實是「換屋」，有買也有賣，不論景氣好壞都可相互抵消，與購屋時機無關，完全誤導大眾，讓我甚感不當與不安。

低價擁有房屋的時代已經過去

這次我個人換屋，必須賣掉二戶舊屋，再加上一戶抵押貸款，才能換得理想新屋，因為當前的高房價，造成個人拚生活、改善居住品質的昂貴代價。雖然如此，與我同一世代的人，只要努力工作，多半還可以買屋換屋，然而現在的年輕世代，是否同樣努力工作，也可以像我們一樣買屋換屋呢？這次換屋讓我更感慨到整體社會的世代不公平與居住困境。

過去房地產業者都強調「房地產是經濟的火車頭」，希望政府透過鼓勵房地產投資來刺激經濟。然而這種說法缺乏實證研究支持，結果造成的現象就是大量空屋閒置，有錢人的資金被套牢，買不起房子的人還是只能望屋興嘆，哪裡有拚到經濟了？

典型房市害經濟而非拚經濟的最新一例就是「台北東區商圈的沒落」。我們看到房市不健全，房屋持有成本很低，造成擁有十間店面的永福樓房東，寧願將店面閒置也不願降租，對東區商圈及整體都市經濟發展都不利。因此，大家必須看清楚：低價擁有房屋的時代已經過去，現在拚房產絕對不等於拚經濟。

另外，實價登錄 2.0 版面臨修法時，其中的「預售屋即時登錄」及「門牌全揭露」

受到業者強力反對，政府及立法院擬暫緩這兩項規定，引發社會爭議。從這件事，大家就可以清楚看到，對業者來說，是多麼不希望房價資訊公開透明。因此，一般民眾更應該加強自己對房屋的正確判斷和主見，不能被業者牽著鼻子走。

台灣全民拚房產，但房市的不健全卻扭曲了我們的生活。希望大家不要顧此失彼，更不要為了「拚房產」而讓我們的經濟、社會與生活三者全輸。

做屋主不做屋奴

買屋前有一個很重要但大家往往覺得太簡單而忽略的重點，那就是——這間房子能不能提升自己及家人的居住生活品質？

擁有房屋是許多人一生的夢想，真正的目的應該是提升自己和家人的生活居住品質，如果只是為了象徵個人成就，或為了財富的累積，而讓自己在擁屋的過程中，不但沒有提升生活居住品質，甚至造成生活與精神上的壓力，是否「得不償失」？

擁有房屋雖然可以讓自己晉升為有屋階級，以彰顯個人的成就感，也可能透過房價的上漲，增加財富；然而房屋昂貴，一旦買屋，將會排擠生活其他支出，包括家庭照顧、生兒育女、出國旅遊、讀書學習和創業夢想等。

尤其千萬要先做好評估，我曾看到有些朋友，由於購屋前對自身的負擔能力過度高估，買屋後為了頭期款及貸款的償還，必須從早到晚、甚至全年無休的工作努力賺錢，擁有房屋成為個人的沉重負擔；更別提為了勉強擁屋，只能買到較偏遠、老舊、面積較小的房子，不但毫無生活品質可言，也限制了自身未來的發展。如果一切只是為了擔心未來房價可能上漲而買屋，甚至為了房價的漲跌變化而波動，整天生活在擁屋的焦慮中，就成了所謂的「屋奴」。

歡喜快樂的決策最重要

反之，如果個人事前做好評估與規劃，儲蓄好自備款，而且未來長期貸款償還（包括利率的變動風險）不至於影響家庭日常生活支出，加上最重要的是——找到自己和家人都喜歡的房子，包括區位環境、格局大小、社區管理，且價格合理，能讓自己和家人提升生活品質，這樣的買屋，就是件快樂歡喜的決策，恭喜你成為此屋的主人，成為「屋主」。

買屋若以消費為主，感受到居住舒適與安全感，心裡歡喜，才能獲得更多的幸福快樂。然而理想的房子多半是高房價，和現實所得負擔能力的差距過大，當理想和現實無法平衡，容易產生焦慮。是否要過度消費，造成心理與生活壓力？要多想想。因此，在買屋前有一個很重要但大家往往覺得太簡單而忽略的重點，就是：這間房子能不能提升自己及家人的居住生活品質？因為一旦人住進去，就不是一天二天的事，對住在當中的人有形、無形的影響非常大，所以**住房的決策並不只是考慮數字而已，必**

須把人的因素放在第一位。

同樣買屋擁屋，「屋主」與「屋奴」的差異，在於相較過去的居住生活環境，是否提升自己和家人的生活品質，更加快樂喜悅？簡單來說，**屋主是買屋讓生活變好（Better-off），而屋奴是買屋卻讓生活變差（Worse-off）**。

也許有人會認為必須經過屋奴階段，才能到達屋主階段，尤其對現在的年輕人而言，面對如此不合理的高房價時代，屋奴階段似乎不可避免。但問題的關鍵是，屋奴的階段要經過多長的時間？如果需要耗費人生精華的五到十年以上，並可能會犧牲那些人生「不可逆」的代價，包括生小孩、親子與夫妻關係、個人健康，甚至還有創業理想、出國旅遊或學習等，如此屋奴的代價是否值得？這真的得深思才行。

當無殼蝸牛首購族面臨是否要下定決心購屋擁有自己的窩，並避免成為屋奴時，應先確保個人的財務狀況，千萬不要因為購屋超過個人的負擔能力，影響到家庭的日常生活支出。再來，要努力做功課，多方蒐集資訊、現場看屋，找到自己和家人都喜歡的房子。關鍵是新屋會比舊屋好，因為買屋通常會有十年左右的居住時間，如果不是很喜歡，千萬不要勉強購屋。別忘了房屋是如此昂貴且要長期居住，如果不滿意要賣掉再買，換屋的金錢和精神代價會很高，這些都是隱形成本，必須先考慮進去。

也有人會擔心現在不買，以後就買不到了，甚至現在不買，以後房價會漲價，更沒有能力買。我必須說未來的房市，各種可能性都有，未來也有可能找到自己更喜歡的房子，房價漲跌各地區各產品都有不同變化，「活在當下」比五~十年「期待未來」的居住生活應更踏實。所以，「自住客」不用太在意「時機」，自己掌控房屋做屋主，不要做屋奴。

【張金鶚教室】

屋奴個案分享

「我曾做過五年的屋奴」

在我發表了前面〈做屋主不做屋奴〉那篇文章後，我太太的二姊看了之後，相當有感覺，特別寫下她經歷過五年屋奴，最近才當上屋主的經驗，這原來是寫給她的兒女，要讓子女了解父母過去的經歷，我讀了之後，覺得很能代表我們這一代（一九四〇～一九六〇年出生）的真實經驗，因此特別徵得同意放在書中，提供讀者參考：

我們婚後向同事租借公家機關的宿舍，住了五年，於一九八二年間預購了人生的第一屋。那是興建中的連棟五層樓公寓，坐落於基隆河岸的一條死巷盡頭，巷道寬敞、安全，適合小朋友玩耍嬉戲。離原住的宿舍新村只有一站公車距離，上下班仍可徒步至宿舍新村搭乘交通車；而且國小就在宿舍區隔壁，將來子女可以徒步上學。我出差且老爸值夜班的時候，小孩還可以請住在宿舍新村的奶媽照料。

在多方考量下，這房子有很多優點，是我們心目中比老舊宿舍更好的居所，買屋更是強迫自己儲蓄的好方法。當年我們的月薪大約台幣六千元上下，那間三十四坪大的公寓房價大約是八十萬。

估算著當我們簽下購屋合約時，五歲多的老大從私立幼稚園畢業，可就讀國小；女兒當時請奶媽照顧，再一年滿三歲後，也可以上私立幼兒園。等房子蓋好交屋，我們可向公家機關申辦購屋優惠利率貸款。如此一來，不就可以用占我一半薪水的保母支出來繳房貸了嗎？財務分配上應該是沒問題的，於是興沖沖簽下了購屋合約。

沒想到人算不如天算，因為不久後該建案完工交屋，當時公家並未開辦員工購屋優惠貸款（因不定期辦理），遂先用小叔的名義過戶，但是我們沒有那麼大的資金可一次付清總價，幸好大姊出面，主動提供她家的房地所有權狀，讓我向銀行辦理抵押貸款，取得大部分的資金；另外我再向辦公室的同事調頭寸，請她們解除定存，借我應急。預計等到公家辦理員工購屋優惠貸款方案時，再花點過戶費用，把房子由小叔名下過戶回來，申請購屋低利貸款，來清償大姊房子的房貸及同事的債務。山不轉路轉，水到渠成，豈不美哉！

不巧，剛買下房子，兩歲的女兒感染金黃色葡萄球菌肺炎，併發膿胸，病況危急，當時還沒有全民健保，住院十天就花掉我們半年的收入，所幸救回了一命。

二哥二嫂知道我們剛買房子，手頭拮据，帶了兩萬多元的紅包來探望女兒，我知道他倆把身邊所有的資金都送來了，感激涕零，但是醫藥費還差四萬，怎麼辦呢？只好硬著頭皮向公公開口，借了四萬元，勉強度過危機！

由於公公對這筆借款很在意，所以到了年底須發年終獎金、不休假獎金時，我們湊了四萬元加上利息，趕緊委託小姑帶著錢先搭車回宜蘭，趕快把錢還給他。

那時小姑就讀台北的大學，正在我們家過寒假（我們向阿公允諾會支援她的生活費用，阿公才同意讓小姑去讀大學），我們過兩天放年假，全家會立即回宜蘭圍爐過年。

誰知道小姑離開沒多久，就從火車站打電話來哭著說：「大嫂，我的背包被劃開，錢不見了！」。正要放鬆的心情，頓時沉重下來，但是想到小姑乖巧無辜，不能把我的壓力轉嫁到她的身上，所以立刻以輕鬆、淡定的語氣安慰小姑：「沒關係，錢再賺就有了，別擔心！」

經過這些一波三折，第二年我們終於把房子過戶回來，辦了優惠貸款，還清債務，住進了明亮、寬敞、舒適的新居。

爾後，隨著整個國家社會經濟的蓬勃發展，公務人員每年薪資有所調高，港務局改變薪資待遇結構，加上我們職務、年資逐年提升，使得房貸支出占我們收入的比重漸漸減輕。

過了六年，我們有能力換到更理想的郊區別墅社區，一間有小院子的連棟透天住宅。再過了二十二年，為了迎接「採菊東籬下、悠然見南山」的退休生活，我們選擇搬到宜蘭。

如今我們定居在這公園般的住宅社區已有十年，二哥也搬來為鄰，互相照應。鄰居互通有無，經常相偕出遊，又參加各項「活到老學到老」的樂活課程。女兒更是常常帶著好吃的食物回來陪我們聊天，老年生活有趣而不寂寞。

這輩子因為買／賣／換房子，採取長期貸款的方式，在自己能力範圍內強迫儲蓄，房子愈換愈理想，而且一直都可以住著舒適、新穎的房子，免除整修老舊房舍的煩惱。

既然我們的儲蓄都在這間房子上，等將來走不動、生活無法自理時，就可以實現張教授所講的「以房養老」，雇用居家看護，或賣掉房子，轉為住進養老院或安養中心的本錢。

這都得感謝媽媽的潛移默化，家人好友們在緊要關頭的鼎力協助，以及社會經濟的快速成長，讓我們安然度過艱苦的「屋奴」時期，順利過渡到「屋主」時代，完成「擁有房屋」的夢想。

離巢？不離巢？

在離巢前，不妨先透過短期租約，慢慢學習獨立生活。並從租屋經驗中，了解自己能否離巢獨立，以及對房屋的喜愛與偏好。

前陣子新聞報導，在房價和租金雙高的夾擊下，根據政府最新發布的「住宅需求動向」報告，有近五成的無殼族選擇「賴家」不離巢。二〇一九年無殼族選擇與家人同住的比率持續攀高，比二〇一八年增加將近一成。

最近因為疫情在家看Netflix電影，有部美國喜劇片《Failure to Launch（中譯片名為「賴家王老五」）》，看到美國年輕人賴家，不論父母或女友都認為不可思議，想盡辦法要讓兒子能夠離巢獨立生活。可以看出，華人與西方社會對年輕人是否該離巢有些文化差距。

除了華人社會的文化因素外，台灣愈來愈多的賴家一族，背後主要是在高房價、低薪資與租屋黑市的三大因素壓力下，使得年輕人只能愈來愈賴家，無法獨立生活。而**長期賴家所衍生的問題是年輕人缺乏獨立成長過程，也可能進一步造成晚婚少子乃**

至父子婆媳相處的社會家庭等問題。

我曾於二〇〇三年指導林谷蘭研究生，當時除了進行個案訪談外，還進一步利用二〇〇〇年主計處的家庭收支調查，以其中二十~三十五歲的青年為研究對象，進行「離巢vs.不離巢」的實證研究。結果發現：年齡較長、所得較高的青年，基於負擔能力及私密獨立空間需求較高，較容易選擇離巢。青年年齡每增長一歲，選擇離巢的機率增加了三．三五%，而年所得每提高一萬元，選擇離巢的機率增加了〇．九六%，且男性離巢機率是女性的二倍。而與父母同住的青年，獲得近似住宅補貼的「代間移轉」，因此與父母同住在面積愈大、房價愈高的青年，其離巢機率就愈低。實證結果顯示，住宅面積每增加一坪，或租金每坪提高一千元，青年選擇離巢的機率分別減少了一二．一五%與二三．八九%；而住在租賃房屋中的青年，選擇離巢的機率是住在自有房屋者的十三倍；住在新北市青年的離巢機率，是住在台北市者的四倍。

面對當前「雙高」的房價與租金及「雙低」的薪資與居住品質，年輕人雖然被迫選擇賴家一族，但若試圖要跨出離巢第一步，有何因應之道？

可先嘗試在外租屋

首先，年輕人應盤算個人或家庭的工作及財務收支狀況，分析離巢與不離巢的利弊得失，包括客觀的經濟因素與主觀的心理因素，確認個人離巢與否的動念大小。

其次，搜尋認識租屋市場，了解租屋環境、房東、房客及租金水準，實際比較離巢租屋與父母同住的好壞差異。若是仍無法明確決定是否離巢，可以先簽短期租約，個人透過離巢的實際體驗，慢慢學習離巢獨立生活。然後可以經過幾次租屋經驗，慢慢認清自己能否離巢獨立以及對房屋的喜愛偏好。當然，若這離巢過程受到挫折，仍可想辦法「回巢」，再休養生息一下。

最後，經過一段離巢的租屋經驗後，再仔細盤算自己的財務負擔能力，家庭與工作的穩定保障，乃至父母家人的財務支助，才較適合考慮購屋，進行永久的離巢獨立成長。

面對年輕人離巢愈來愈困難，除個人及家人的努力外，政府也責無旁貸，應該積極幫助年輕人提供離巢的協助。除了最關鍵的健全租屋市場、減少租屋黑市外，也可進一步提供多元的租屋補貼，讓年輕人可以較有意願且輕鬆的跨出離巢第一步。

當然根本之道，**政府應解決讓年輕人無法離巢的「雙高與雙低」的房價、租金、薪資及居住品質等四大問題，如此國家社會與家庭才會更充滿活力與希望**。這樣才能形成如同動物界的離巢生態方式，生生不息，永續成長！希望這次疫情逐漸淡去後，政府能夠開始重視年輕人的居住困境，讓我們年輕的下一代能夠充滿希望的發揮理想，而不被住房問題所困阻！

租屋黑市知多少？

租屋黑市所產生的違規使用，容易造成居住不安全的嚴重問題。建議有租屋需求的朋友，不妨合租整層住家，不但經濟划算也比較安全安心。

以往民眾常抱著「有土斯有財」的價值觀，使得租屋品質與市場長期不受重視，然而隨著房價高漲，貧富差距擴大，愈來愈多人買不起房屋，加上都市就業與就學機會的增加，都市租屋愈形普遍，租屋市場逐漸受到社會大眾的重視。

四類租屋類型見端倪

租屋市場約略可分為商務租屋、一般家庭租屋、單身及學生租屋以及弱勢族群（包括老人、單親、殘障、低收入者等社會或經濟弱勢）租屋四大類。其中商務租屋的居住品質與負擔能力良好，較沒問題；一般家庭租屋多為整層住家，其居住品質與負擔能力尚可，問題較少；單身及學生租屋多為套房或雅房分租房屋，此類租屋族群的比例最多，其負擔能力尚可，但居住品質較差，問題不少；至於弱勢族群租屋不少涉及違規使用，其居住品質與負擔能力都不足，問題嚴重。

營建署二〇一八年曾針對前一年六都的租金補貼戶租屋狀況委外進行調查，從一萬六千多份已申請租金補貼的租屋狀況問卷，可以看到：租屋類型多為公寓大廈及透天，僅有不到二％是頂樓加蓋或違規使用，租屋面積平均為二八．六坪，未滿五坪僅有〇．一％，月租金平均九千六百七十四元（台北市平均一萬二千五百一十四元），可享有四到五千元的租金補貼，就此調查結果顯示，租屋市場似乎沒有太大問題。

然而，該調查並未反映單身及學生的分租問題，甚至只有極少數違規租屋狀況，這是因為租金補貼戶申請，依規定必須是合法住宅且繳稅為前提，如此是否能真實反映其他弱勢族群租用違規且低品質的住宅狀況？令人存疑。沒有申請租金補貼的弱勢族群，其租屋現象仍待釐清。前陣子美國哈佛社會學教授戴斯蒙（Matthew Desmond）曾深入調查密爾瓦基低收入家庭的租屋困境，並出版專書《下一個家在何方？》（*Evicted: Poverty and Profit in the American City*），揭露美國嚴重的租屋市場剝削問題，獲得普立茲獎，此書內容值得借鏡反思我們的租屋問題。

租屋市場最為嚴重且被詬病的，就是租屋黑市現象。房東為了逃避租金稅賦，租屋行為地下化，形成有所得卻不繳稅的普遍現象，不但使租屋資訊不透明，房客與房東也缺乏保障，增加租屋糾紛，產生租屋市場的不公平與沒效率；房東擔心租屋行為一旦曝光，將增加稅賦，因此政府的包租代管與租金補貼政策也不易落實；更別提因為租屋黑市所產生的違規使用，造成居住不安全的嚴重問題。

因此我們要問的是，當前租屋市場有多少租屋黑市？其租屋品質如何？租金水準為何？政府因此損失了多少稅收？有多少是違規不合法的房屋？是否會造成居住不安全？又有多少弱勢族群住在租屋黑市中？

租屋族不妨整層合租

租屋市場長期存在居住品質與租金不對稱的問題。我和江穎慧教授及吳彥葶研究生曾經利用台北市二〇一三～一六年四萬多筆租金成交資料，以空間經濟計量模型，分析雅房、分租套房、獨立套房及整層住家彼此每坪租金單價的差異。實證研究結果，分割房間（包括雅房或套房）較整層住家每坪租金高七．五％，顯示居住品質愈低，但租金單價愈高的現象。另外，研究亦發現，分租套房要比雅房每坪租金高三〇．九％；獨立套房要比分租套房每坪租金高一三．八％，顯示房客為保有居住的單獨衛浴設備及出入口等隱私環境，需要付出的代價不低。

上述研究結果也說明，為何許多職業房東為增加租金收益，常將整層住家違規分割成多間雅房或套房，甚至頂樓加蓋，造成居住不安全現象。政府為關注弱勢租屋族群，應嚴格制定出租房間分割標準並加強稽查違規使用，以保障房客居住安全。

另外，從房客立場，若是自行個別向房東租賃分割雅房或套房，不但租金較不划算，而且房客彼此並不相識，居住安全及隱私也都較沒保障。建議較適當的租屋選擇是：找尋有租屋需求的幾位好友或同學，一起合租整層住家，然後大家共同決定如何分配房間並分擔房租，如此最為經濟，且能避免房東惡意分割不合理房間以確保租屋安全並維持友誼，租屋族不妨參考。

若要務實面對，並解決當前租屋的黑市問題，政府應立即對租屋黑市全面深入做調查，才能對症下藥。為了減少過去長期租屋黑市逃漏稅的補稅抗爭壓力，也許可以考慮對一定期限內的租金稅賦，給予特赦條款，協助讓租屋黑市檯面化。也建議政府稅捐單位針對三～五戶以上的大戶職業房東優先稽查，避免個人小戶房東受到恐慌，如此抓大放小，較為務實公平。此外也可訂定吹哨者條款，鼓勵房客檢舉不良租屋黑市房東，杜絕房東的僥倖心理。

年輕人是否該買房？

面對當前的高房價，要不要犧牲其他理想，努力存錢買房？

這是個人價值觀的選擇，必須自己想清楚，自己決定，自己承擔。

之前有機會到台南、高雄演講高房價與「居住正義」的議題。雖然台南、高雄的房價大約是台北的四分之一，相對合理；但年輕人仍然感受到高房價的壓力，對買房擁屋仍然相當焦慮，可以想見台北的年輕人面對是否買房將更為焦慮。

台南、高雄的年輕人問我：年輕人是否該買房？以目前的薪資所得，未來是否買得起房子？是否該努力拚命先買房子？是否現在該買房子？

我的想法是：**該不該買房子，就像問該不該結婚、該不該生孩子或該不該買車一樣，這是個人價值觀的問題**，我無法也無意代為回答。有人認為單身或沒有孩子、沒有車子也不錯，生活比較沒有壓力，可以輕鬆過日子，雖然社會價值觀未必認同，只要忠於自己的想法，沒有心理壓力，生活舒適，當然可以不買房；但也有人認為如果沒有房子，人生似乎少了什麼，就像沒有結婚、生子、買車一樣，無法得到社會認可，無論如何都想要擁有自己的房子，是人生一大目標，那就努力實現目標買房吧。因此，該不該為了買房而努力，面對當前的高房價，要不要犧牲其他理想，這是個人價值觀的選擇，必須自己想清楚，自己決定，自己承擔。

年輕人買房通常為首購族，不但欠缺資金，更沒有購屋經驗，容易一時衝動，先買再說。我建議大家在決定要不要買房前，先想清楚下面的三個問題，才能避免短期買房再賣房而產生不必要的交易成本，並不划算。

一、你的工作穩定了嗎？

如果你的工作還不穩定，目前還在找工作或是想換老闆，不確定未來的工作地點在哪裡，薪水有多少，你買的房子會不會影響通勤？如果是外縣市甚至國外的工作呢？薪水能負擔房貸嗎？如果先買了房子，會不會影響找尋更好的工作機會？

二、你的婚姻家庭穩定了嗎？

決定單身一輩子還是打算幾歲結婚？買房要不要考慮另一半的工作地點？要生小孩嗎？有了小孩要不要換更大的房子？是不是要考慮學區就學的問題？如果這些問題

都不確定就先買房，以後有了婚姻、家庭，就可能面臨換屋的成本和困擾。

三、你有比買房更重要的夢想實現了嗎？

充實自我、出國旅遊、創業投資……這些夢想是否比買房更重要？如果被房子綁住，影響了這些夢想的實現，是不是值得？買房是否為年輕人的優先選擇？問問自己，到底什麼才是最重要的。

如果想要買房，卻沒有能力，擔心需拚命努力一輩子，要付出極高代價，我只能回應：若憑己力買不起房或者必須拚老命犧牲許多美好人生才能買房，就不要勉強。如果買屋不困難、不勉強、沒有太多犧牲，那就買房擁屋吧！

什麼時候是買房的時機呢？我的建議是：你覺得房價合理就可以進場買房，如果覺得房價不合理，就不該買。在自認房價不合理的情況下購屋，不但讓自己成為支撐不合理房價的幫兇，增加負擔，也違反理性決策，成為「損人不利己」的最壞情境。

房價是否合理的判斷，需要多方衡酌，包括個人的所得負擔能力、當前及未來的市場供需狀況、各方資訊與說法等，不論如何，衡量外在市場現狀（市場之尺）與自己內心真正需求（心中之尺）的交集，才能判斷房價「合理與否」。

年輕人該不該買房子，**房價是否合理並不是絕對的關鍵因素，真正重要的是房子的建造品質、鄰里區位與社區管理，個人是否喜歡才是關鍵**，畢竟買房子的目的是要住得舒適，而不是房價合理便宜就好。

笨蛋，問題在房價

當前房市屬於買方市場，自住需求才是主流。
購屋一定要保持理性，負擔能力將是合理房價的重要依據。

自新冠肺炎疫情全球擴散，衝擊各產業經濟以及許多人的家庭生活，也有不少商家受到影響吹起熄燈號，眼看商用住宅的價格開始鬆動，有些業者鼓吹可比照SARS經驗，向民眾建議「危機入市」。

近期美國大幅降息，日前央行也宣布降息一碼來說，似乎讓人感覺有便宜可撿，但實際可以來算一下：降息一碼就是〇．二五％，以房貸一千萬元，利率一．六％，依二十年本利攤還來計算，調降一碼後，房貸每月負擔減少只有一千元左右，而且未來「利率是否再調升」的前景不明，若為了貪小便宜去買一間不符合需求的房子，並不明智。

二〇〇三年SARS發生時的時空背景，依照歷史軌跡來看，一九九〇年～二〇〇三年，房市歷經十多年的不景氣，長期走跌，房價幾乎到了「跌無可跌」的狀態，疫情只是雪上加霜，讓民眾更不敢出門、看屋、購屋，連帶拖累房價，直到當年第三季疫情穩定後，房價才跟著回彈。

保持理性，勿為小利所惑

反觀目前的房市處於盤整階段，房價相對落在高點，與二〇〇三年房價處於相對低點的時空背景不同，雖新冠疫情可能會影響看屋、買屋的人潮，預估短期內房價呈現緩跌，但要暴跌就很難，如今與當年民眾不敢出門情況不同，因此真的沒有必要為了些許的降息而去購屋。

回歸購屋最根本的問題，關鍵還是在房價太貴，雖然房價已鬆動略有下跌，但離大眾的合理價格仍有相當距離，自住客沒有能力、投資客也沒有意願進場看屋。

因此，央行雖提供資金動能，卻無法刺激買氣，反而延緩了降價預期，房市的不景氣更加深觀望延滯，買賣雙方產生更多的不確定性。

解鈴仍需繫鈴人，當前房市唯一解套之計，只有賣方、業者讓房價順勢降價至合理水準，購屋者要保持理性，才不會衝動買下不適合自己的住房。

所謂合理房價，雖然買賣雙方各有不同認定，但當前房市屬於買方市場，且在稅制改革推動過程，未來投資需求減少，自住需求將是主流。因此，**負擔能力將是合理房價認定的重要依據**。

雖然這波不景氣的房價下跌幅度有多少，目前很難論斷，但因過去房價長期不合理的上漲太多，這波下跌幅度不應該太少，否則盤整時間就要拉長。當然，因不同個案、不同地區、不同議價能力，房價下跌幅度也有相當差異，不宜齊頭看待。

「房價不合理」的背後是「房市不健全」，兩者互為表裡，相互惡性循環。因此，面對房市衰退，對一般購屋來說，反而是健全房市的最佳時機。購屋謹慎出手，不要助長投資炒作，就能促使房屋回到居住使用的原本意圖。

我一向強調**購屋是一生重大決策與支出，千萬不要「賭房」，萬一賭輸會很慘；也不要「拚房」，超出負擔能力會很辛苦**。購屋前應該自我評估，抱持審慎判斷與負責態度，先有相當把握，認清房價的變動趨勢，以及區位條件與品質，才好進場，事先一定要做功課才是上策。

為何所得不漲，房價卻不斷上漲？

早期房屋以消費使用為主，一般所得家戶還能夠負擔，後來被投資客炒作，變成投資賺錢工具後，就整個變質了。

若想知道目前房屋的價格是否偏高，可以從民眾的購屋負擔能力來看，也就是以平均數或中位數的房價和所得，分析總體的購屋壓力，其中最常見的衡量指標就是「房價所得比」（Price to Income Ratio，簡稱PIR）。

根據「國際購屋負擔能力調查報告」，PIR若超過五，即面對嚴重的購屋壓力，將無力購屋。在二〇〇二年，台灣的PIR是四．二六，台北五．八九，兩者差距不大；到了二〇一七年，台灣上漲到九．一六，台北更誇張，上漲到一四．九九。從這些數字，就可以知道這些年台灣（尤其台北）的購屋壓力非常嚴重，房價大幅上漲，所得卻沒有跟著提升的不合理現象。

貧富差距令房價高不可攀

一般而言，房價上漲隨著家戶所得增加，是正常合理可負擔的現象，如此PIR將維持長期穩定關係，而非目前的持續上漲。大家會問：「為何所得不漲，房價卻可以不斷上漲？」「一般人所得不漲，怎可能買得起不斷上漲的高價房屋？」一種可能是，雖然平均數或中位數家戶所得沒有上漲，但高低家戶所得分配差距拉大，高所得家戶愈來愈有錢，且購屋者多是有錢人所致；另一種可能是購屋並非透過家戶所得而是其他資金來源。若是一般家戶必須要購屋，只好排擠其他生活支出，陷入購屋的生活壓力困境。

根據財政部綜所稅申報資料，全國最富與最窮的五％家戶所得，從二〇〇五年的五十五倍擴大到二〇一四年的一百一十二倍。從中可以明顯看出近十年來貧富差距嚴重拉大，有錢家戶的所得大幅增加，這和平均數或中位數家戶所得不增加是完全不同的情境。由於房價昂貴，並非一般所得家戶所能購買，但大部分有能力購屋的有錢家戶的所得大幅增加，因此高房價並沒有造成他們購屋負擔能力不足的問題。

從前面的討論，我們了解用平均數或中位數分析總體PIR的困境，不但因為總體資料包括了不買房屋的較低收入家戶，扭曲拉高ＰＩＲ；而且不論所得、房價或ＰＩＲ三者，均非常態分配且高低差異很大，若用平均數或中位數呈現，將無法理解台灣特殊的不合理現象。

我和博士生林佑儒、陳建良教授曾在二〇一四年於著名的國際期刊《Habitat International》，發表〈為何購屋者面對高房價所得比困境仍然可以購屋？〉，我們透過二〇〇七年營建署委託銀行端貸款者的購屋需求動向調查，台北和新北一千七百一十五個購屋家戶的個體ＰＩＲ資料，看到大台北地區個體ＰＩＲ分布呈現極不對稱的長尾右偏現象，平均數是七．七六，標準差是七．八，其中約七成的購屋者ＰＩＲ是四～一〇，二成大於一〇，一成小於四。

讓房屋回歸消費使用

我們進一步分析發現，**ＰＩＲ過高的原因，部分是投資客及多戶擁屋族所造成，顯示投資客主要利用短期高槓桿操作購屋，而多戶擁屋族則利用房屋累積資產，轉手買賣房屋，均非利用其所得購屋**。我們也看到一般購屋者因為所得不足，只好增加親友借貸或銀行房貸成數才能購屋。

台灣長期所得不漲，房價卻不斷上漲，如此造成ＰＩＲ持續增加的不合理現象，這也可以看出早期ＰＩＲ較低，房屋以消費使用為主，一般所得家戶還能夠負擔；後來ＰＩＲ愈來愈高，房屋已逐漸轉為投資賺錢為主，變成只有投資客、多屋族和有錢人才能負擔，而一般人除非排擠其他生活支出或增加房貸負擔，否則將無力購屋。

不過，如此偏離均衡又緩慢修正回歸的結果，短期可能要三、五年，也可能長達十到二十年，修正過程的長短和市場失靈程度有關，也會造成某些人的財富重分配、貧富差距擴大再扭曲等不穩定現象，國家總體經濟更是嚴重起伏波動，國家與人民都需付出極大的代價，政府應予重視並適當介入，以縮短失衡過程。

小心房市泡沫

日本是個很好的經驗借鏡，三十年前的房地產神話終究破滅，短期房價所得脫離均衡，但長期仍將回歸均衡，卻付出極大的失衡過程代價。歐美各國也同樣有貨幣過度寬鬆的階段，當過多資金投入房市，非自住需求推升房價，造成房市泡沫現象。如果所得成長有限，自住需求的負擔能力不夠，除了排擠其他正常消費外，時間一久，只好轉買為租，直到房市資金逐漸緊縮、利率提升，房價所得再慢慢回歸均衡現象。

因此，根本解決之道，除了督促政府透過稅制及金融手段，讓房屋回歸居住消費使用，抑制房屋做為投資賺錢工具。在消費者端，也可以盡量避免購買被惡意哄抬的物件，才能改善愈來愈嚴重的PIR不合理現象。

房租與房價的龜兔賽跑

台灣的屋主不重視租金收益，甚至寧願空屋也不願出租，長期下來大家買不起也租不到，結果兩敗俱傷，誰也沒好處。

因為房市不景氣，房屋買賣交易量明顯減少，房價略為下降，購屋者預期房價持續下滑，部分轉買為租，使得租金略為上漲，引發弱勢租屋族的擔憂。長期以來，台北都會區的房價不斷大幅上漲，但租金只隨著物價小幅波動，並未明顯增加，房租與房價兩者的變動猶如龜兔賽跑。

理論上租金要反映房價，房價提升，租金也會提高。只是租金受租約到期才能調整的影響，兩者變動會有時間落差，但長期仍應維持穩定關係。然而經學術界長期研究顯示，台灣的房價與租金變動並沒有明顯的因果關係，顯示兩者彼此相互影響不大。尤其台灣有八成的房屋自有率，租屋市場規模較小，相互調整替代功能有限。台灣過去房價大幅上漲，租金卻沒有跟著大幅上升，兩者長期並非維持穩定關係。

理論上，房租和房價應維持穩定關係，而台灣的現狀，如果不是房租不合理，就是房價不合理，才會呈現房租並未隨房價漲跌變化。從房屋做為居住使用的本質來看，房租隨著物價小幅波動是合理且可以接受的；而房價除了居住使用價值，更反映了投資商品價值，其中房價的預期增值是主要關鍵。正因為房屋商品化的結果，才造成房價上漲遠大於房租上漲的不合理現象。

從「租金乘數」看投資風險

房地產投資決策分析重視「租金乘數」（Gross Rent Multiple，簡稱GRM，即房價租金比），若租金乘數較大，代表此個案的買賣投資價值較高，其居住使用價值較低，隱含租金無法支撐房價，此個案投資風險較大，不宜投資。以美國為例，其年租金乘數在六～七之間，長期維持穩定關係，當大於七表示此個案不宜投資，反之，小於六則可以投資。

反觀台灣，不同期間的租金乘數差異很大，我們曾研究一九九三～二〇〇三年台北市的年租金乘數相對平穩，平均為二十九；最近透過二〇一三～二〇一六年實價登錄及五九一租屋網資料，建立模型分析，發現台北市的年租金乘數隨著不同的區位、時機、產品約在四十五～六十五之間，平均高達五十，其租金乘數差異很大，顯示房地產投資風險差異也很大。**相較於美國的租金乘數，台灣明顯房價偏高租金偏低**。台灣的屋主不重視租金收益，甚至寧願空屋也不願出租，只關心房價變動的預期增值，房屋成為投資商品，使得房價缺乏基本使用面的支撐，僅靠未來不確定性的預期增值所哄抬，房價的穩定性明顯不足，令人擔憂。

長期買不起租不到，兩敗俱傷

我們除了當前租金乘數過高的隱憂外，租金乘數隨著時間景氣的波動，呈現不穩定的成長波動，使得**租金和房價兩者變動長期相互脫勾，租買房屋市場彼此供需無法替代互補，租屋者大多買不起房子，買屋者也不考慮出租，大家買不起也租不到**，長期下來讓房屋市場的公平與效率受到扭曲，兩敗俱傷，誰也沒好處。

台灣的房租雖然相對於房價便宜，但租屋環境多半品質不佳，尤其是隔間分租、違建不安全不合理的情況很嚴重，加上租屋市場的黑市無效率，缺乏資訊，相對剝削弱勢族群的租屋權益。政府應優先積極改善租屋市場，確保租屋品質與租金透明；同時面對不合理的高房價，減少房屋商品化的投資誘因，避免房價脫離房屋的基本使用價值，才能減低房租房價龜兔賽跑的不合理現象。

租買選擇的心中之尺與市場之尺

房屋的租買選擇自己要做功課，天下沒有不勞而獲的「消費」與「投資」。唯有建立正確的觀念，才不會成為盲目的屋奴。

房市景氣一向是眾說紛紜，各地區及個案表現差異不小，在賣方口袋夠深及利率極低的情況下，房價看回不回；另一方面，租屋市場的租金房價比仍在相當低的水準，顯示租金的投資報酬率還是不理想。雖然租金緩慢上漲，但購屋報酬主要還是依靠預期增值的資本利得，許多人擔心如何該面對當前房屋的「租買選擇」？有人純粹從財務經濟分析，提出若每月租金等於房貸，付房租給房東不如付房貸給銀行，這種情況應該可以選擇購屋。這些說法是否正確呢？

我們應該要先清楚了解：購買房屋原本就具有「消費使用」與「投資賺錢」的雙重特性，而租賃房屋只有「消費使用」的單一功能；同樣的，一個家庭多半只居住使用一間房屋，大部分擁有第二或第三棟以上房屋，也只有「投資賺錢」的單一功能。一般如果所得負擔能力不是問題，很多人的第一間房屋會選擇買而不是租，以便同時享有房屋的雙重特性。然而，這樣購屋選擇的前提是要確認房屋未來能夠「增值賺錢」，如果預期當前房價還會下跌，或預期未來房價增值空間有限，增值利益比購屋的資金成本及持有成本還低，應暫時選擇租屋而非購屋。

房屋投資亦有風險

購屋相對於租屋，多了安定感與可能的預期增值，但也相對會失去人生的自由度與其他夢想的實踐。租買應如何取捨，完全要看自己個人的內在價值觀與外在的財富能力，不能只以財務分析來做決定。更何況購屋要先準備至少三〇%的自備款，還要負擔交易與未來長期持有的稅賦與維修成本，而每個人在不同生命階段的機會成本並不相同，必須想清楚各種因素，才能決定當下是租屋好，還是購屋好。

別忘了，屋主的首要之務，就是要讓自己住得舒服自在，獲得幸福人生；賺錢固然也很重要，但**沒有任何財貨（當然包括房地產）是穩賺不賠，而沒有風險的。因此，牢記房地產的本質是「居住消費為主，投資賺錢為輔」**（可能有賺有賠的風險），自己的「心中之尺」絕對比人云亦云的「市場之尺」更重要。

好好檢視自己對房屋的需求，同時多方觀察考量自己對購屋個案的喜歡與否（包括區位、產品及管理），再仔細檢視自己的負擔能力，這就是「心中之尺」的核心，包括個人需求、產品品質、管理維護、負擔能力等。

至於購屋時機與房價高低的判斷更是要仔細做功課，千萬不要相信片面之詞，每個不同區位和個案，乃至建商條件及真實價格、市場銷售狀況都不相同，這就是「市場之尺」的核心，並不容易完全掌握。就算了解大區域環境，也未必清楚適合自己的個案品質，兩者很難一概而論。**要認清你買的是個股，而非大盤**。

房屋的租買選擇，自己要做功課，天下沒有不勞而獲的「消費」與「投資」，更沒有人云亦云、道聽塗說的購屋決策。要先釐清自己購屋的心中之尺，再進行市場之尺的調查分析，再做出適合個人的購屋決策，**千萬不要讓別人替你做決定**。

租買的選擇，完全因人而異，個人生涯規劃、生命週期、負擔能力、工作與家庭的考量都必須仔細盤算，沒有絕對答案。建立正確的觀念，才不會成為盲目的屋奴。

【張金鶚教室】

購屋決策前，先把負擔能力的財務分析做好

認識房地產的報酬與風險

「未來的房地產走勢會如何？現在買這間房子可以嗎？」這兩個問題幾乎是購屋人無時無刻都在尋找的答案，但做出購屋的決策，尤其**偏消費自住者，有兩件關鍵：第一是喜不喜歡，第二是能不能負擔**。當然房價也要相對合理。至於未來走勢，有許多不確定性，較不易掌握，若是偏自住或長期投資，就不必太過計較與擔心。

如果喜歡，又買得起，房價也合理，當然就可以買；至於能不能負擔，關鍵在財務分析，因為財務分析隱含預期報酬、風險承受度，還有擁有房屋的時間等。因此我在清華大學計量財務金融系首次開設「房地產市場消費與投資分析」，其中今天這堂課特別強調「風險報酬及財務分析」，希望大家購屋前都能做好基本財務分析。

買房背後可能是購屋人期待圓夢、想投資賺錢或結婚生子的剛性需求；包含理性

與非理性等因素，但千萬不能過度感性用事，因為買房子不像上網瀏覽購物網站，買貴可以退差價或是有七天鑑賞期。

相反地，買房子要花上數年的積蓄，是一輩子何等重要的大事，我總是告訴學生：「**如果沒有做過財務分析，千萬不要貿然做決策；但是也千萬不要只依靠財務分析做決策。**」這是我在課堂上第一個強調的重要觀念，因為能夠被量化的標準，要先執行，**做好客觀財務量化的分析，再做非量化的主觀質化與感性分析，最後再做決策。**

▼▼財務分析必學的三個方法

「該怎麼做財務分析？沒有任何房地產或財經背景，如何做房地產財務分析？」估價學隱含著部分財務分析概念，因此，簡單的財務分析，不妨從簡易的估價方法來判斷。

首先是「大眾法」，這是很多人朗朗上口的方法。舉例來說，房產廣告用「買雙捷運站交會點準沒錯」的概念做宣傳，強調地段的重要；也有專家喊出低利率時代，「月租金等於房貸支出」做為購屋與否的指標，也有人用「租金乘數」當作快速評估的工具。

租金乘數是指「房價／年租金」的倍數，假設桃園市房價為七百萬元，年租金六十萬元，租金乘數一一．七倍，若房價下跌到五百萬元，年租金維持六十萬元，租金乘數變成八．三倍；若房屋的年租金提高九十萬元，房價不變情況，租金乘數下降至七點八倍。**在美國，平均房價除以年租金的倍數約六至七倍，超過七倍，代表房價太高、房租太低，若小於六倍，差不多就可以買房子，只是台灣租金一向不高，台北市的租金乘數甚至來到五十倍。**

第二個是「傳統法」，也就是基本的財務分析，適用在短期資產總報酬率（Rate of Return on Total Capital，簡稱ROR）。舉例來說，老王買了一間二百萬元的房屋，兩年之後，預期以三百萬元脫手。若暫不考慮短期租金淨收益，代表這間屋總共替老王賺進一百萬元，換算下來，代表老王預期每年賺五成。

但可別忘記，一般人買房子通常會向銀行貸款，等同銀行也是合夥人，因此當老王從房地產賺進百萬元，部分獲利必須優先付給銀行，（因為銀行用借貸資金成本加上銀行需要利潤來計算），若老王的貸款時間愈長，銀行總共拿回的利息也會愈高，意即老王能放進口袋的實際獲利會比想像中少。換言之，老王應考慮個人自有資金的報酬率（Rate of Return on Equity，簡稱ROE）。

第三是「現代法」，亦指現金流量折現法，也就是把借貸資金多寡、時間長短、通膨，稅賦等因素納入，反推在某一個時間點的資產價值。現代法的分析邏輯建立在房地產從買入、經營、再賣出共有三階段，但因為台灣租金投報率極低，不管自住或投資，大多數人期待的獲利來源是不動產脫手後的預期資本利得（所謂「價差」）。

另一個原因是，台灣的房地比與美國不同，台灣的房屋價值三成來自房子，七成來自土地價值；但美國反過來是房子占九成價值，土地只占一成。背後含意是房子會折舊，土地會增值，當屋主等待未來會增值時，在持有期間願意貼錢去彌補銀行貸款利息，只要預期未來資本利得能打平中間損失，屋主多半願意冒險承擔。

大多數屋主「貼錢養房」的心態造就台灣空屋率高，因預期未來房價會大幅增值，但卻不易掌握多寡，這也造成「傳統法」或「現代法」在台灣容易失真。

▼▼量化財務分析，質化主觀分析

「現代法」和「傳統法」的最大差別是，傳統法並未考慮折現率，但我們知道如何修正沒有計算資本利得的部分；**而現代法雖然考慮得很仔細**，但它伴隨許多的假設，比如對市場判斷、房屋折舊、稅賦因素等，**若假設不對，將造成錯誤決策**。因此我並不認為愈仔細的方法就愈能做出最佳決策。

相較於大眾法的簡單記憶以及使用比例高，購屋人應該把從簡單到複雜的財務分析統統學好，經過多方比較，最後再來決策。

■如何利用「大眾法」做出正確決策？

大眾法比較強調過去房地產適用的經驗法則，因為很直覺、容易上手，業者經常在行銷上推陳出新，在市場營造「買屋不敗」的投資價值。舉例如區位優先、租金收益等概念，它隱含的缺點包括：

- **此一經驗法則的未必適用每個人。**

- **在不同的時空背景，並不是人人都能複製別人的成功經驗。**
- **就算時機相同，效果也未必相同。**（這點是大眾法的矛盾。）

然而大眾法感染力強，購屋人反而要更深入蒐集大眾法資訊，了解其中的價值所在，再深入批判，同時分析大眾法缺點，予以率先破解，透過個人心中之尺，逆向操作，才能做出對自己最佳的購屋決策。

財務分析的目的是協助做投資決策，把能量化財務分析的先量化，再做出主觀認知（心中之尺）的質化分析。然而投資學高風險必然伴隨高報酬，該如何應用在房地產決策呢？

首先，我們要了解風險是什麼？風險和不確定到底有什麼差別？我認為，**風險是可預知的機率，若不知道機率，就是不確定。**

以文山區華廈的房租為例，對未來的租金的預期，經過做了很多功課，發現租金二萬元的機率高達八成，這代表了解風險，若是對文山區租金完全未做功課，一無所知，則是不確定，而非風險。

▼▼購屋自住，需以風險為優先考量

萬一在做購屋決策時，風險與報酬相互衝突，又該怎麼辦呢？我認為，因為房子是大筆金額投資，是很貴的產品，甚至購屋人可能向銀行借了不少錢，所以重視風險應甚於報酬。

但若把房子細分成投資或消費，因為**單純投資，看中的是絕對報酬及資本利得，重視報酬可能會優於風險**；相反地，**若是把房子當成消費財，買屋自住講求效用，應該考量長期居住的使用，住得舒服，因此報酬相對顯得較不重要**。

分析完風險，接下來要了解報酬，如何衡量報酬？如何做投資決策？我認為，**購屋人必須先估計「預期報酬」並確認「需要報酬」**，只要預期報酬大於需要報酬，就可以大膽買進。透過前述三個財務分析方法，我們可以估出預期報酬。至於「需要報酬」，可以用下面幾個方法來判斷：

第一，**找出從過去歷年房地產類似地區與產品的「報酬平均數」和「報酬變異數」**。平均數就是過去的報酬，風險就是過去這段時間內可能賺三％、五％、二〇%的分布落差，而這個風險就是變異數。透過過去平均數和變異數大小，做為不同個案的比較判斷。

第二，用無風險利率加碼來判斷需要報酬。比如將銀行自有資金成本為一%，銀行借貸的的預期報酬為三%，那麼若投資人判斷個案的預期報酬可以達到八%，那就勇敢買進吧。

最後一個方法，就是參考其他投資工具。如定存、股票或基金的報酬與風險，預估自己相對其他不同風險投資工具的需要報酬。

■若不打算住五到七年以上，就不要買房

我過去曾進行長期的實證研究，以台北市為例，從一九七一年到一九九三年，經過三次的景氣波動來看，台北平均中古屋價格變動的總資產報酬（ROR）在二二%，但其投資風險是一二%，但若再考量自有資金、銀行貸款、交易成本和稅賦等，台北市中古屋持有的自有資金報酬（ROE）下降至一一%，但它的投資風險是一二%，

意即在台北購屋也可能會賠錢。

但若以持有時間長短來分析，台北市過去二十二年的經驗來看，大概持有五年以上，報酬較為穩定，七～九年風險就會穩定。換句話說，若購屋人沒有決定要住到五～七年以上，就不要買房子，因為短期買進賣出其實划不來。

因為當你不考慮買進或賣出的高低時間點或運氣好壞，只要持有一段時間，報酬風險大概就可以趨於穩定。不過這個經驗值，只限於一九七一年到一九九三年的台北市，之後的情況仍需要再進一步實證研究，不過此基本理念應該是一致的。

房地產的投資風險又可分內在風險與外在風險兩項，前者指的是自己可以控制的風險，比如個案的區位、財務、產品及建商聲譽等，後者是指不可控制的外在因素，如總體經濟、政策改變、金融海嘯及新冠肺炎等。

在管理風險時，也要注意避免風險，降低或是減少風險。在財務分析裡，**購屋人要能掌握銀行貸款，包括自備款和貸款成數，貸款利率及還款方式等四項**。

目前銀行貸款方法有三種：前低後高（包括利用寬限期，前幾期只還利息不還本金等方式），前高後低（包括本金均等攤還或有錢就多還，甚至提前清償等方式），最後是一價到底的本利均等攤還方式。選擇何種還款方式，要按照個人的收入狀況及資金操作運用而定。前低後高的好處是，初期還款壓力小，但後面還不出來就會要跑路了！若選擇前高後低，雖然銀行利息賺的少，但銀行債權相對有保障。**想要避免購屋風險，除了注意房地產的景氣循環之外，盡量避免選擇特殊產品，如地上權、法拍屋和海外房產等。**

高房價的恐慌與因應

擁屋族的空屋閒置浪費，讓年輕人離有殼愈來愈遠，必須從增加非自住者的持有成本及購買成本，才能減少房產商品化的囤積炒作。

媒體曾針對港、澳、中、台兩岸四地華人青年做調查，發現大家都對「高房價」最為焦慮，其中台灣青年對未來最沒信心，僅八．六％對未來感到樂觀，顯示高房價問題是華人圈的共業。根據研究調查資料顯示，台北市房屋新推個案價格在一九六〇年代每坪只要二萬多元，如今卻要每坪八十多萬元，其中一九九〇年前後是房價主要的分水嶺，在一九八七年每坪十萬多元，短短三年，到一九九〇年卻漲了四倍，每坪四十多萬元。對一九九〇年之後進入社會的年輕購屋族相對不公平，努力工作一輩子，也很難像之前進入社會的年輕人一樣擁有房屋。

高房價除了產生年輕世代居住不正義的怨懟與恐慌外，更進一步造成是否要「先結婚或先買房」、「先養孩子或先買房子」以及「養兒防老還是要以房養老」的人生衝突，進而影響婚姻、少子與養老的國安困境。更別提高房價的資源排擠效果，造成許多家庭生活與居住品質的惡化。不但如此，也由於房地產成為投資賺錢的好工具，導致國家過多的資源投入房地產業，不但排擠了其他產業的正常發展，也造成過多的空屋閒置浪費，影響國家的經濟成長。

明確區分「自住」與「非自住」，各蒙其利

為何高房價問題一直無法有效解決？究其原因，或許是政府擔心房價下跌，導致資產縮水，會讓八〇％自有房屋的屋主抱怨，以及金融機構可能產生的房貸危機兩個層面。但前者有六〇％的一殼蝸牛為自住，房價漲跌影響不大，反而因高房價產生無法換屋的困境而不滿；而後者金融機構經過金管會的壓力測試檢查，均能容忍相當程度的資產縮水，房貸危機不應被誇大或綁架房價的合理下跌。抗拒高房價下跌最不可忽略的背後原因，很多是來自既得利益團體的政治壓力，加上傳統「有土斯有財」價值觀的推波助瀾，大家將房產視為投資賺錢的工具，將其嚴重「商品化」的後遺症。

解決之道，可以從減緩房產投資賺錢的誘因做起，即所謂的「去商品化」政策，讓房產回歸居住使用的本質。其具體作為要先明確區分房產的「自住」與「非自住」使用，然後**明顯增加非自住（商品化）的持有成本（提高房屋稅和地價稅），以及購**

買成本（減少房貸成數和增加利率），如此減少房產商品化的囤積炒作誘因，逐漸打破傳統觀念，也漸進引導房價的合理下滑，這樣不會對所有自住房屋產生任何影響，也不致對金融機構產生衝擊。

為減少衝擊，政府可先以目前界定僅占二％的第四戶以上房屋做為非自住依據，未來再視政治壓力逐漸予以調整。在高房價漸進調整的過程中，年輕世代可以期待未來的房價將會逐漸合理化，目前不必急於購屋，透過政府積極改善當前的租屋市場，以租待買或只租不買，如此不但可以減少購屋需求，進一步促使不合理的房價下滑，同時又可以減緩購屋壓力的恐慌。

新冠疫情對房市有什麼影響？

疫情發生後，有人覺得可以「危機入市」，趁機撿便宜。但其實目前房價仍在相對高點，國內外股市也大幅波動，不可不慎。

新冠肺炎從二〇一九年底爆發，至今仍持續擴散，尤其從原本的中國擴散到亞洲，然後進一步擴散至歐洲、美國，至今已形成全球大流行。雖然台灣疫情控制得宜，但是境外入侵現象仍然一波接一波，未來發展仍是未知數。根據過往SARS經驗，或許有人樂觀預期新冠肺炎在第二季結束後，夏天到來，疫情在短期內將可結束。

然而，新冠肺炎不論傳播擴散的範圍及速度，乃至確診症狀不明顯，仍與SARS情況有相當差異。何時可以結束？根據世界衛生組織（WHO）及國內外許多專家說法，仍有許多不確定性，對未來可能的發展，並沒有那麼樂觀。

新冠肺炎發展至今，很明顯已對國內外總體經濟產生相當影響，對國內許多產業，尤其觀光、餐飲等服務業或製造業都產生相當嚴重衝擊。然而唯有房地產業者宣稱新冠肺炎對房市沒有什麼影響，表示自住性剛性需求不會因疫情而減少，房市預期未來會持續成長。因此房價並不會因新冠肺炎有所影響，唯一影響只是原本三二九房市檔期將有部分延後到五二〇檔期推出。

讓我們先回顧並比較十七年前的SARS和當前新冠肺炎房市發展背景差異。由於房市一九八七至一九八九年大幅飆漲，從一九九〇年開始逐漸衰退，銷售不佳、房價下跌，建築業者有二百多家倒閉，部分金融機構也受到影響，許多不良資產以二～三折房價打包出售給資產管理公司，直到二〇〇三年發生了SARS，房市更是雪上加霜，房市幾乎完全沒人購買，跌到谷底。

到二〇〇三年第二季，SARS因天氣轉熱，轉眼就消失了。全民有重生感受，開始有些人出來看屋，房市經過十三年的不景氣，房價跌無可跌，於是有少部分人開始進場購屋。我也根據個人主持團隊所做三種房市調查預測研究報告，首先公開發布房市景氣即將復甦，媒體也以頭版頭條報導此訊息。

然而這次新冠肺炎之前，房市從二〇一四年第三季開始從台北市開始下滑，慢慢向外圍蔓延，由於受到低利率及資金寬鬆影響，加上業者及投資客受惠過去十年長期景氣，口袋夠深，銷售量雖有明顯萎縮，但房價大多下跌有限。經過四年房市不景氣，去年開始有些復甦跡象，價量微幅上升，但投資客仍無利可圖，只剩首購或換屋自住客進場。只是由於房價還是很高，自住客缺乏負擔能力，業者開始透過十幾到二十幾坪的小宅，以低總價吸引自住客。

如今遇上新冠肺炎，受到全球大流行及網路傳播的快速渲染，產生廣泛的恐慌心理，從初期口罩之亂即可感受民眾的擔憂，許多產業明顯受到衝擊，失業率（無薪假）增加，不但所得受到影響，全民消費也逐漸下降，加上疫情的不確定性，令人擔憂。就算銀行降息，可能會對房市產生激勵作用，但別忘了國內外的股市都大幅上下波動，房市將受到股市的影響；同時因為所得及租金下跌，投資與消費需求無力支撐，房市泡沫化也將更為明顯。

或許業者及許多消費者認為從SARS經驗，這時反而應該是要「危機入市」，趁機撿便宜。別忘了，**目前房價仍在相對高點，這和SARS房價已在谷底是完全不同情況。更進一步去觀察當前房市，自住性購屋已經因小宅化而呈現產品不佳的狀況，能否長期適用，仍待考驗**。加上最底層有迫切需求的自住客已被小宅吸引進場，未來還有多少自住客會在疫情過後，面對高房價還源源不斷的進場呢？

即便在沒有新冠肺炎的影響下，目前房市供過於求的現象明顯，尤其是高價位的產品，需求更是大幅減少。而影響一般自住客進場的關鍵主要在「產品」（包括社區管理）、「區位」（包括生活機能）及「價格」（包括公設比影響）三者是否符合需求且合理。然而產品、區位及價格彼此常有衝突，**目前業者為了守住價格常常犧牲了產品及區位的合理性**，如此暫時吸引出最底層的自住客；反之若業者能夠重視產品及區位的合理，而犧牲價格（降價讓利），才能符合一般自住客的真正需求。

如今面對新冠肺炎影響，不但國內外產業經濟及家庭所得均受相當衝擊，且未來疫情仍有相當不確定性，房市需求一定會受到相當程度影響，與過去SARS經驗不應相互比擬。未來若房市制度（包括資訊及稅制）及金融市場愈來愈健全，相信當前不合理的房市「三高」（高房價、高空屋率及高自有率）將面臨調整。

到底新冠肺炎是否為「短空長多」，仍有待考驗。雖然「短空」是有明顯共識，唯此短空是三個月或是半年以上，也仍不確定。更別提從健全房市趨勢、不合理的房市三高與景氣循環「時機」來看，此「長多」有更多的不確定性，大家還是必須審慎看待。

住宅需求的變動與因應

歷經長達十幾年的房市景氣，房價大幅上漲，

近年房價僅小幅下修盤整，未來要靠房價上漲賺錢，機會不大。

台灣的房市很明顯是屬於「大市場、小政府」結構，不像新加坡、中國、蘇聯、英、德、北歐等國家，均較偏向「大政府、小市場」。我們住宅供給的價格與數量主要均由市場力量所決定，政府除了透過法令制度外，很難透過政府的住宅供給影響房市價量。因此，市場機制的供需法則便是關鍵，確保市場機制的健全應是先決條件。

住宅由於昂貴性與居住消費為主的本質，房市的動向主要是由需求所主導，供給必須要看需求動向及早因應。所謂住宅需求（Housing Demand）指的是「有意願」且「有能力」的購屋行為，這和住宅需要（Housing Need）只有意願但沒有論及購屋能力，未能影響房市並不相同。其中購屋的意願包括消費（自住）與投資（非自住）兩種；而購屋的能力主要是指房價與所得的負擔能力。

先從購屋意願了解住宅消費的需求，主要因素是人口家戶的變動，包括了人口和

家戶結構的變化。從人口的逐年下降，特別是**少子化及老年化現象之下，老人多已有住房，住宅消費需求將逐漸下降；從不婚、晚婚等單身及小家庭的增加，以及高房價負擔能力不足，將使小坪數住宅消費增加。**

景氣時機的選擇不再是關鍵

除此之外，就業機會、生活環境與交通便捷的影響，將造成家戶移動的主因，缺乏上述條件的地區將減少住宅消費需求。而消費需求偏好也會隨著時間及家庭生命週期而改變，包括住宅坪數的大小、社區公設的多寡、房屋品質的優劣，掌握住宅消費偏好，才能提升住宅需求。而家戶的移動與偏好的改變，只會造成此消彼長，不斷新蓋住宅只會造成老舊空閒住宅的增加，若加上新蓋住宅的區位、產品不佳，房市供過於求現象將逐漸顯現。

另外，住宅投資需求主要受到房價變動的預期（能否賺錢）所影響。過去房價經過幾波的漲跌起伏，景氣時機的選擇是關鍵。這波在過去長達十幾年的房市景氣，在房價大幅上漲後，近年僅小幅下修盤整，未來幾年要靠房價上漲賺錢，可能機會不大，住宅投資需求也將大幅縮減。

再談購屋能力，包括流量的所得及存量的資產。眾所周知，我們長期平均所得沒有增加，加上少數多屋資產累積結果，使貧富差距擴大，造成少數家戶購屋能力大增，而多數家戶購屋能力大減。然而，過去由於全球資金寬鬆，國內游資充斥，不但購屋貸款利率長期偏低，且貸款成數偏高，使大多數家戶在背負大量的房貸下，才能提升其購屋能力。唯未來全球資金逐漸緊縮，利率也將逐漸提升，購屋能力將逐漸下降。

面對住宅需求的下降，正常市場機制的反應是房價下跌。然而業者卻試圖透過供給來帶動需求，經由媒體的大幅廣告行銷，打動消費者心理，甚至扭曲資訊，哄抬房市假象。殊不知房地產市場機制的不健全，將長期影響社會與經濟的正常發展，最後將由全民承受房市不正常發展的苦果。

消費者應認清住宅需求是以消費為主，投資為輔，而負擔能力是購屋決策的關鍵，不要勉強購屋而影響家庭正常生活。業者應充分掌握住宅需求動向，不論房市景氣、區位、產品及購屋者負擔能力與偏好都應做好功課；以誠信建立品牌信譽，不要欺騙購屋者。政府應以健全市場機制為首要任務，進而保障住宅的消費（自住）需求，避免投資（非自住）需求影響住宅消費的本質，同時應加強改善租屋市場環境，以確保沒有能力購屋者的基本居住需求。

當前房市困境與展望

雖然面對高房價的壓力，但大家還是想盡辦法努力買房，
導致我們的房屋自有率高達百分之八十以上，
大家寧可空屋囤房，也不願出租利用。

二〇一七年七月九～十二日，世界華人不動產及亞洲房地產兩大學會的聯合年會在台中舉辦，有來自世界二十多國近六百位房地產界的學者專家共同討論當前房市議題。藉由這個國際研討會，正好可以全面檢視台灣長期關心的房市問題與對策。

台灣當前的房市困境，最為大眾所關心的是高房價問題，尤其從二〇〇八年之後，房價上漲幅度遠高於人民所得和物價成長，導致整個台灣房價所得比不斷攀升，台北一般民眾更需要花十六年以上不吃不喝才能買得起房子，平均所得超過六成以上必須支付房貸，使得人民「望屋興嘆」。

另一方面，在高房價下，我們又有**將近二成晚上不點燈的空屋閒置浪費，反映房屋使用的市場供需失衡**。特別是台北的年租金乘數竟高達四、五十（美國一般只要六

到七），顯示我們「房價過高，房租過低」的不合理現象，加上台灣的房屋持有成本很低，大家寧可空屋囤房也不願出租利用的不好現象。

房市困境的三大核心問題

雖然面對高房價的壓力，但大家還是想盡辦法努力買房，導致我們的房屋自有率高達百分之八十以上，相對出租住宅市場不受重視，長期地下化的租屋黑市情況普遍，更別提政府為弱勢團體提供的社會住宅數量極少，完全不符人民期待。

上述台灣房市困境背後，可以歸納三個核心問題：

一、**「房地產市場機制」未能發揮**，導致住宅供需不均衡、房地產業缺乏獎優懲劣、市場資訊混亂不透明等。

二、**「有土斯有財」的傳統觀念**，使得住宅嚴重商品化，房屋成為賺錢工具，影響一般人的基本居住需求。

三、**「住者有其屋」的傳統政策**，以致政府過往只關注自有住宅而忽視出租住宅，相對弱勢家庭的居住問題更不受重視。

面對房市的三大核心問題，需要耐心因應處理。**健全房屋市場機制應是首要工作**，其中包括：加強供需資訊的提供，避免空屋的產生並促使有效利用；加強房地產業的檢查評鑑，以落實獎優懲劣機制；改進實價登錄制度，提升市場的資訊透明度。

其次，明顯區隔自住與非自住房屋的差別待遇。其中包括：透過稅制的改革，拉大自住與非自住房屋的持有與交易成本；利用房屋貸款政策，擴大自住與非自住房屋的貸款成數及利率差距，以降低非自住房屋的投資誘因，同時保障自住者的權益。

第三，重視租屋市場的改善。其中包括：健全租屋市場的法制化及租屋稅賦查核，以杜絕租屋地下化的問題；另外增加並提供多元的租屋補貼方案，包括增加租金補貼名額及資源、空餘屋的包租代管、弱勢租屋者的協助以及增加社會住宅的興建等，以幫助不同能力與需求的租屋族群。

希望藉由這次兩個重要的國際研討會在台灣的舉辦，國內外眾多學者專家齊聚一堂，包括諾貝爾經濟獎得主席勒（Robert Shiller）的大會演講，全面交流並診斷台灣的房市困境及因應對策，只要我們能夠掌握對的關鍵方向，未來房市發展還是值得樂觀期待。

02

掌握七三法則，透視購屋五大元素

房地產專家眼中的住房未來

投身房地產專業領域三十餘年，深感最理想的房地產投資應該是：

「要滿意消費使用，又能滿足投資賺錢。」

在政大教書三十二年，二〇一九年屆齡退休，展開人生另一個黃金歲月之際，前去參加在中國深圳的「亞洲房地產學會」及上海的「世界華人不動產學會」年會。這兩個以房地產學術為主的國際交流平台，因為我都是創會發起人，每年都積極參與，並組織國內學者共同出席，希望藉此能和國際房地產人士相互交流。

大數據勢將影響未來的居住

亞洲大會的主旨演講由ＭＩＴ的媒體藝術與科技主任潘特蘭教授（Alex Pentland）擔任，他對大數據有很深的研究，也是Google創始人之一。講題是「城市的社會物理結構行為」，主要談如何運用大數據認識城市的社會結構，並改善城市生活，以及透過大數據預測各種社會行為發展，包括能源需求、就業、交通、健康、基礎建設等，希望未來的城市能夠透過各種大數據的分享，建構明日的智慧城市。

另一位擔任主旨演講的是香港中文大學ＡＩ人工智慧Sense Time的創辦人湯曉鷗教授，講題是「用愛的人工智慧建立智慧城市」。他舉了很多例子說明ＡＩ可以應用在生活中的食衣住行育樂，也是強調ＡＩ對未來城市生活的影響。這兩個主旨演講都呼應本次大會的主題：未來城市的智慧發展。

接下來大會的主論壇是「未來的房地產教育」，十位亞洲及美國重要房地產系所或中心的領導和學者共聚一堂，提出每人對未來房地產教育的看法。主持人是ＭＩＴ的房地產中心主任法蘭奇曼（Dennis Frenchman），我很榮幸代表台灣出席。

主持人提出二個問題：「未來二十年的房地產教育將面臨哪些最大的挑戰？」「未來教育需要那些課程、創新、整合、科技新知，以因應這些挑戰？」

許多與會學者多從新科技、產業創新、智慧城市、環保與永續發展、大數據、金融科技等不同面向提出看法。顯示未來房地產教育將面臨更多的學習與整合，理論與實務也需緊密的結合，才能突破創新未來的房地產教育。

我提出房地產原本的功能是「消費為主、投資為輔」，但為何台灣與國外的房地產教育卻只有「房地產投資」課程而沒有「房地產消費」的課程？原因就在於，長期以來**房地產投資過於強調報酬與風險分析（市場之尺）**，**忽略房地產消費個人偏好與負擔能力探討（心中之尺）**，房地產教育明顯有所偏頗，導致社會只強調房地產的賺錢投資工具，失去房地產原本消費使用的目的。

特別當房地產投資與消費發生衝突，例如面對「好產品壞區位 vs. 壞產品好區位」時，購屋者該如何選擇？很多人可能都沒有認真思考過面對人生不同生命週期，從年輕人的租買選擇、結婚與購屋的先後選擇、生養小孩與購屋換屋選擇，到以房養老還是將房屋留給小孩等，都將面對不同的衝突與選擇。我提出**成功的房地產投資應該是：「要滿意消費使用，又能滿足投資賺錢」**。但當兩者無法兼顧，千萬不要只顧賺錢而失去了快樂的消費生活，如此本末倒置，得不償失。

買房是投資還是消費？

業者常強調買房可以投資賺錢，讓購屋者期待未來，
因此自住者更需要事先做好功課，先清楚知道自身的需求，
才不會做出錯誤的決定。

大家或許都有類似的經驗，隨著年齡增長，當夢想、工作、婚姻等人生大事逐漸落定，開始邁向「離巢」的階段，或多或少都會衡量購屋這件事。對大多數的人來說，「購屋」是生命中最大的一筆支出，買錯了也不能隨便換貨，因此一定要親自做功課才行。

我們都很清楚，買手機、買汽車是消費，目的是讓自己生活舒適方便；而買股票、買期貨是投資，目的是要賺錢增加財富。然而買房子是要消費居住還是要投資賺錢？或許很多人認為兩者都要，但何者為重呢？當「買房自住」和「買房投資」發生衝突時，又該如何抉擇？而為什麼買房會產生消費和投資的衝突呢？

買房投資，應是「期待未來」，只要秉持「低買高賣」的原則，就像投資股票，

逢低買進，逢高賣出，盈虧自負，因此房市景氣與房價漲跌就很關鍵，同時區位條件及未來發展也是買房投資需要關心了解的內容。房市當前及未來的「總體市場大環境」是投資者首要考慮的重點，我將稱之為「市場之尺」，這可做為買房投資的重要依據。

買房自住，應該「活在當下」，涉及個人主觀的經驗與偏好，家庭成員的工作和就學地點，以及房屋所能提供生活的便利與舒適。自住者對房屋本身的格局與興建品質、社區規模、鄰居組成、公共設施、物業管理、鄰里小環境以及最重要的房價所得與貸款負擔能力都必須充分了解，仔細觀察評估。房市當前的「個案市場小環境」是自住者首要考慮的重點，我將稱之為「心中之尺」，這可做為買房消費的重要依據。

活在當下比期待未來更重要

雖然房市的總體市場大環境和個案市場小環境會相互影響，但未必是共榮共枯。尤其購屋消費的心中之尺，還包含個人負擔能力，是個人主觀認定，當然可能會和購屋投資的市場之尺產生衝突。若看到心中之尺的好房子，但並非市場之尺的好房子，如果是自住消費者還是可能考慮購買；反之，如果是購屋投資者就可能不會考慮了。

過去我曾長期主持研究政府委託的「住宅需求動向調查」，發現購屋者在回答購屋目的時，消費居住占了八成，只有不到二成的目的是投資賺錢。雖然在回答消費居住者中，仍有相當比例是消費兼投資目的，只是消費的比重較投資為大。另外，我們也可從台灣家戶的房屋產權結構來看，約有六成僅擁有一屋，二成擁有二屋以上，及二成的無殼蝸牛；買房擁屋自住消費占了極高的比例。

然而當前房價不斷高漲，建商或仲介業者多強調買房可以投資賺錢，透過市場之尺鼓吹現在不買就會後悔，讓購屋者期待未來。而購屋者以自住為主，通常會住上十年、二十年之久，才考慮換屋賣屋，買房自住活在當下比期待未來重要得多。但**如果自住者事先沒做好功課，建立好自己的心中之尺，購屋很容易受到業者行銷的投資誘因，而扭曲了購屋消費應考慮的因素**。因此，原本買房消費為主，逐漸被投資為輔所取代，造成如今房市的「主從異位」現象。因為買房投資只關心如何炒高房價，獲取利潤；而買房消費在意的是房價的負擔能力與居住品質，兩者目的不同，彼此可能相互衝突。只有回歸買房以消費為主的基本需求，才不會錯估情勢，做出後悔莫及的決定。

【張金鶚教室】

認識購屋的五大元素

我的一位學生陳同學畢業七年了，每年偶爾會聯絡幾次，前些日子他說他考慮要結婚成家了，對於「成家」這件事難免恐懼！今年初的新冠肺炎疫情，市場透露出很多負面訊息，包括全球經濟進入衰退、全球貿易戰再起，股市房市不免受衝擊，反而挑起了陳同學看屋的動力。

一來想為「成家」做準備，二來期待房價會因為疫情而下跌。他問我：「現在的年輕人買房好辛苦，擔心房貸壓力影響生活品質，因為有了結婚的規劃，想要有屬於自己的家，生活起來也比較踏實，但要挑到合適又負擔得起的房子，真的不容易。」

我說，結婚成家，這個「家」就以住得舒適、住得安心為主。只是房地產兼具投資與消費的兩種特質，投資與自住的考量不盡相同。投資者必須以獲利為首要考量，自住的話，更要住得舒適，才能住得長久。

在課堂上我經常提醒學生，在購屋前，先掌握五大元素：時機、區位、產品、管理和價格，建立心中的一把尺，才不會被市場之尺左右。

① 時機 ▼▼ 沒有好時機，只有能力夠不夠

在房地產投資學裡，「時機」占有重要分量，通常我在課堂會請學生先回顧台灣房地產的歷史，了解過去台灣房地產歷史所謂的好時機。

台灣有四次房地產景氣循環，分別是一九七三～一九七四年、一九七九～一九八〇年、一九八七～一九八九年、二〇〇三～二〇一四年，其中前兩次由於分別都是漲兩年、跌七年，因此又被稱為七年循環。而前三次都有著「急漲緩跌」、「擴張期短、收縮期長」的特性。第一次房價漲了一倍，但跟物價上升率差不多；第二次房價比物價多漲了四成，第三次則是個關鍵的轉折點，在台北預售屋從一坪十萬漲至一坪四十四萬，漲了四倍多；第四次則是從一坪三十五萬漲至一坪八十萬，漲了二倍多。

因為房地產的特性是投資、消費（自住）兼具，如果是消費，時機的考量就不像投資那麼重要，就好比買手機時不會像考慮買股票一樣那麼在乎時機。另外一點是每

個人對於時機都眾說紛紜，也會因為產品類型、區域等因素，產生許多「噪音」，影響分析。若是只有一戶自住，也無所謂賺與賠的時機了。

不過，購屋時機很重要的原因一來是產品價格高，一點誤差都是幾十萬的金額，再來是有人也的確因為進場時機相對好，而大賺一筆。根據投資心理學的角度來看，由於大家都想套利，因此會有大量熱錢湧入，造成急漲。但對於自己買高，由於是高價格產品，因此不輕易認輸，造成價格向下修正緩慢，因此有了急漲緩跌的狀況。

此外，影響時機的原因之一還有「時間落差」（Time-lag），因為房子從投資、生產、交易到使用、管理，時間單位通常是以年計算，因此常常看到市場一片大好而進去開發，等到產品完成，市場卻冷卻了。因此在時間長短和房地產時機分析上，要格外注意，以避免「死在沙灘上」，等不到獲利時機，就因資金週轉不靈而先陣亡了。

陳同學：「我們該如何認定什麼時間點才是購屋的好時機？今年初的新冠肺炎疫情是不是對房市造成影響？」

張教授：「怎麼樣去講好時機很難說，一般會從成交價與成交量去看。價量關係主要有價漲量縮和量漲價縮。量先價行，價格通常會有「落後現象」（lag），價格變動的關鍵在資金週轉成本，如果資金週轉成本很便宜，降價就划不來；反之，若建商或投資客的資金週轉成本提高，就必須降價。現在的房地產市場大概是量縮價穩，而投資要看市場性，消費則要靠你自己心中衡量，該危機入市還是危機避市，基本上見仁見智，要不要承擔風險需要自己決定。只是房地產是大量資金的投入，風險考量比報酬更重要。

「把房地產當成消費來看，其實沒有所謂的好時機，需要看個人的情況，市場的好時機不見得是自己的好時機。以當前二〇二〇年的房地產市場來說，總體在慢慢盤整階段，年初開始受到新冠肺炎疫情的影響，房地產短期在一到兩年內相較於過去不會較好，但是是否長空還不一定。不過在房價不合理的時期，還是有人買房子，你覺得是為什麼？」

陳同學：「因為第一、預期未來房價還會再不合理；第二、是剛性需求，不過『需求』是指什麼？」

張教授：「就是『有意願且有能力者。』你的觀點很正確，就以電影《賴家王老五》來說，這些有需求的人可能原本不想這樣，但因為負擔不起房子，只好賴在家，這是很可怕的現象。」

「房地產終究是資產，跟資金面的寬鬆應該有相當大的關聯。如果考慮長期投資房地產的話，哪些因素最重要？」陳同學又問。

「如果要長期投資就是要當包租公、包租婆，找到租客，讓資金穩定，產品與地段則是最重要的。」張教授回答。

② 區位 ▼▼ 因人而異，沒有單一標準

房地產區位又是什麼？有些學生會認為是「周遭能夠提供的服務。」但我認為，一般區位講的是市中心、市郊、郊外，同學講的應該是鄰里區位環境。

區位的定義可分為：一、鄰里的區位：周圍的生活機能好不好，有沒有公園、國小等等；二、都市的區位：簡單講是小區位跟大區位。

張教授：「各位同學覺得『大區位』跟『小區位』哪個比較重要？」

「大區位比較重要，因為市場。」李同學回答。

「小區位比較重要，因為住得舒服。」王同學則有不同看法。

「李同學或王同學說的都對，只是思考的點不同，一個是投資，一個是消費，大區位很貴很貴，小區位相對便宜。區位是很貴的，一千萬的房子就是貴在區位，市中心跟市郊價格差距很大，例如台北大安區跟文山區只差一線之隔，但是大安區一般房子平均每坪八十萬，文山區一般的房子四十萬，新的頂多六十萬。以二〇二〇年前四個月來說，新店比文山區還貴，變成新北比台北貴，區位嚴格說是非常弔詭的。那我再問大家，你們覺得什麼是好區位？」張教授說。

「如果說是消費的話，蛋黃區行動方便比較重要，投資的話要看CP值（性價比）。」陳同學回答。

「我認為第二圈是比較好的區位，可以兼顧投資與消費，不會太貴也不會太遠。」張教授說，「區位是一個非常關鍵的因素，在台灣還有一個捷運是區位的加分條件，距捷運站十分鐘的步行距離，房價比捷運站聯合開發個案最少差一成。每個區位的生活機能其實基本上該有的都有，每個人對於區位的標準都不一樣，我認為鄰里小區位對消費者來說，比鄰里大區位來得重要，當然更重要的關鍵是居住經驗。」

「那我們該怎麼定義好區位？」王同學問。

「你的好區位和我的好區位是一樣的嗎？」張教授說，「投資者認定的好區位必須帶來最大的利潤，短期投資看的是現在的好區位，長期投資要看未來的好區位；如果是自住者，住得舒適、有好的生活機能就是你的好區位，因此需要考量自己和配偶的工作區位、小孩的就學區位、北部和南部的區位，如果講究好的景觀綠地，也許就選擇市郊依山傍水的區位；如果講究生活便利，也許就選擇離大賣場、便利超商或是距離夜市商圈不遠的區位。」

「唉，要是有錢，就可以兼顧了」李同學不由得發出感嘆。

「的確，購屋人常常會面臨衝突與選擇，像是區位與價格的掙扎：買在較貴的近市區還是較便宜的近郊區？區位與產品也有掙扎：遠離市中心可以買三房，近市中心只能買套房；區位與時機的掙扎：例如熱門重劃區位價格在高點，是否要跟進？如果你是自住客，家是工作以外的休閒生活空間，要住得舒適，若有景觀也可以紓緩工作壓力，因此小區位的選擇會比大區位來得重要。如果可以不盲目追隨市場區位，最好可以「逆向選擇」，一旦你的好區位並非市場的好區位，這樣更有機會找到划算又適合自己的家。」張教授說。

③ 產品▼▼自住、投資大不同

回到房子的本身，目前市面上的產品可能是預售屋、新成屋，中古屋；也可能是套房、兩房以上、別墅或透天厝，沒電梯的公寓或有電梯的大廈。最終，我們還是要回歸購屋的目的。

張教授問：「請問各位同學，大家對於產品的好壞判斷，標準是什麼？」

「我覺得房子的格局很重要，有時候室內的梁柱、格局若不方正會影響到空間利用；屋內的採光和通風、樓板的隔音都會影響居住品質。」吳同學分享他個人的租屋經驗。

「我認為，所謂的好產品，可以透過四個標準來分析：好格局、好設計、好方位、好景觀。好格局可以善用空間，格局如果有缺角或是梁柱位置安排欠妥，都會影響到空間利用；好設計則是室內的動線安排、管線配置，客廳、廚房、臥房的規劃可以符合居住的舒適，又能兼顧隱私。」張教授說。

「好方位不單單指風水而已，有些人會介意房屋西曬，散熱不易，開窗位置會影響屋內採光和通風，棟距也會影響到採光、隱私以及居住安寧；而提到棟距，好景觀可以為住家的舒適度加分，高樓層的視野比低樓層寬廣遼闊，面向綠地或面向大樓也會有不同的感受，有陽台可以綠化住宅環境，這些都是購屋者可以做為選擇產品的喜好標準。」

「如果把這些標準應用在產品的類型上，如果選擇老公寓，可能就要考量是否有管線老舊、房屋漏水等狀況，雖然室內使用坪數比較大，不過重新修繕裝潢也是一筆開銷……。」吳同學盤算著。

「如果進一步分析產品，不妨思考台灣房屋每增加一坪，單價與總價的差距有多少？大公設和小公設反映的公設比，價格是不是也不一樣？高樓層和低樓層有多少的價差？還有你的隱私權值多少錢？」

「隱私權也要列入計算喔。」吳同學笑了。

「因為每個人對居住的喜好不同，有些人覺得臥室是睡覺的地方，不需要採光，但是要安靜，有些人喜歡臥室有大面採光，這些都會影響到購屋者挑選產品的方向與規劃；小家庭有小孩，需要至少三房，單身貴族可以選擇兩房的產品；投資客重視的是市場主流產品，自住客比較需要考量自己的需求。」張教授說，「購屋者往往只從區位、價格來考量產品，但價格又受到區位和市場供需影響，若為了負擔能力等因素而忽略需求，讓原本想住的三房變成小套房，或變成屋況不良的老公寓，讓自己住得很煩躁、不愉快，根本無法安居，更別提好好享受生活了。」

④管理▼▼能讓房子保值又增值的關鍵

買房子最重要的核心是居住使用，因此，房子住進去之後，品質能否維持才是房價維持的關鍵。只是一般人經常輕忽了「管理」，等到住進去之後叫苦連天也來不及了。

「什麼叫做住宅使用？」張教授說：「大家不妨想一下，你們認為有人使用跟沒人住的房子哪個改變會比較快？」

「應該是有人使用的房子改變比較快吧……。」陳同學有點猶豫地說。

「我認為沒有人使用的房子改變會比較快，雖然房子會隨著使用而跟著改變，但是沒人使用的空房子也會老舊，尤其沒有打掃，更容易年久失修，價格的改變就比較快。」張教授說。

那麼居住人口會如何改變？有可能年紀愈大，人口變多，居住習慣養成等，這些屬於家戶的改變，需要不斷追蹤調查。包括家戶資料調查，每年追蹤家戶的變化，看成員的改變，進而了解住宅狀態。

談到居住使用，不免關心鄰里的變化，一棟房子就品質而言，通常是隨著屋齡的增加，住宅品質會下降；而從家戶的角度，家戶的欲望或能力會隨時間增加，也就是對品質的要求愈來愈高，希望達到較好的居住水準。

當家戶的對於居住品質的標準大於住宅本身的標準，初期會忍耐，之後則可能會採取修繕、整建或重建等方式改善，最後則是搬遷換屋，以重新達到家戶的要求，這當中想要維持好的居住品質，透過管理維護或物業管理，可以將房屋維持較佳的狀態。

「房子使用到什麼時候，就要進行管理維護或修繕？」王同學問。

張教授說：「我認為台灣可以仿效國外，房屋應該每隔三~五年定期維護，尤其超過二十年以上，更應該密集進行維護。所有整建維護的費用能被當作支出，做為所得稅抵扣，民眾就可以有一些誘因與動力進行整建維護。目前台灣唯一的抵扣是在水災、風災等災害之後，須拍照證明才能抵扣，對於日常的維護則沒有，因此當房子愈接近衰老的時候，房屋的健康檢查就更愈受重視，透過健檢結果，屋主可以做為是否需要拆除更新的依據。」

在台灣，管理維護碰到的問題是，如果透過委外管理，社區意識淡化，就沒辦法造成集體行動，社區較不容易和諧。以豪宅來說，客觀條件環境會很乾淨，但是豪宅居民鮮少有社區意識；如果是老舊社區，像眷村改建社區，環境或許凌亂，但鄰居熟識、感情好。當中的差異，值得多留意。

對於物業管理的衡量，分為硬體和軟體，也就是實質環境和居住者的滿意度。至於影響管理維護的因素，從規模經濟的角度探討，可以發現戶數愈多，建築結構愈高層，愈容易選擇委託管理的模式；另外，規模較大有利於管理的規模經濟，但非絕對降低居住滿意度。根據研究發現，大概一百戶左右社區規模較為最合適。

其實物業管理都有標準作業流程，只是很少推廣，購屋人可以用政府評選的優良社區當成參考之一。通常評鑑好的社區，房價長期維持穩定，甚至增值。

⑤ 價格 ▼▼ 一定要先做功課，才能買到好價格

在房地產市場中，我們會定義「估價」是要提供最有可能的交易價格，因此透過機率等方式去做分析評估，究竟要開在多少價錢的機率才最好？這就會牽扯到交易時間的長短不同，價格也會產生變化。

「今天的議題是房價。」張教授說，「房屋有個特性，是一物一價，即便是同樣坪數、相同格局的產品，低樓層和高樓層就有價差，同一間房子五年前和五年後的價格也不同，更何況是屋齡不同、區位不同、產品不同的房子。因此，購屋者最關心的也就是行情價，該如何判斷在多少範圍裡是合理的行情？該介於正負

一〇％還是二〇％？」

「那市場門檻行情該如何精準掌握？」陳同學問道。

「自從實價登錄上路後，房地產資訊的確比過去透明許多，但實價登錄就會是唯一的標準嗎？當然不是，因為有人可能買貴或賣便宜了。這時，很多銀行用來協助鑑價的『好時價』網站，就是不錯的工具，它利用大數據分析與計算公式來推算可能的房價。」張教授說。

「購屋者要如何買到好價格？」王同學提問。

「首先，我們得先定義何謂好價格？簡單來說就是CP值（性價比）高不高？無論是投資者或是自住者，都會在乎是否買得物超所值，也就是房子的價值高於價格。只是，房價是由供給與需求間相互拉鋸而產生的結果，就供給方來說，產品及訂價策略相當重要，以建商為例，它的訂價不能過高也不能太低，太高消費者不埋單，太低又沒有議價空間，建商跟消費者都在互相揣摩心理。」張教授說，「但回頭來講，合理價格跟好價格一樣嗎？曾經有份民調，調查當前的房價合理嗎？大約有五〇～六〇％的人覺得不合理，然而依然有人買！為什麼？」

「因為有購屋的需求，有不得不買的危機感。」李同學說。

「的確，很多人可能出於『剛性需求』，儘管價格不合理還是得買。」張教授說，「另外也有人認為房價不合理，還是照樣買房子，可能是有『預期心理』，覺得雖然現在房價不合理，但以後可能會更不合理。還有一種狀況就是『從眾行為』，雖然房價不合理，但大家都買了，我也只能跟著大家走，比較有安全感，因為購屋者不全然都是理性的。另外，也有可能因為資訊不對等，導致決策出現偏差。」

「我們在看房價時，該看單價還是總價？」陳同學又問。

「在國外大家只關心總價，但台灣人卻很在乎單價，只是單價容易產生誤導，這裡面有很多判斷價格的迷思。總價、單價中間有什麼差別？表面上沒差，單價是總價除以面積，但關鍵是面積為何？面積的實坪計價、虛坪計價或面積有無包含停車位等等，有許多細節都在考驗購屋者，是否能判斷房價背後隱含的品質差異及其所產生的價格差異。」

「因此要做足功課，了解過去和當前的市場行情，並留意附近區域的房價波動，並懂得分析競爭個案行情，才足以避免用電梯華廈的價格，只買到公寓屋。」

時機

了解房市投機與景氣循環，謹慎出手

在投機炒作下，台灣的房市有「擴張期短、收縮期長」的特性，有意購屋自主者，可多留意供需和景氣循環的變化。

台灣過去五十年來房市經過四次明顯的價量景氣循環。從最早在一九七三～七四年及一九七九～八〇年，分別遭遇第一次與第二次石油危機，當時物價上漲導致房價連二年也跟著大幅上漲；經過七年的向下盤整，到一九八七～八九年，因公共設施保留地的徵收，造成貨幣供給額大幅增加，加上當時台灣經濟快速成長，台幣兌美元大幅升值，熱錢流入台灣，貨幣供給額居高不下，導致第三次房價連續三年數倍大幅上漲；也因為房價上漲過度不合理，加上政府針對房市實施選擇性金融信用管制，促使房市反轉，從此經歷了十四年的向下盤整修正。

直到二〇〇三年第三季SARS過後，房市才逐漸復甦。然而這第四次景氣復甦卻持續十一年之久，其中雖經過二〇〇八年全球金融危機曾經小幅下滑，但因貨幣寬鬆政策，加上低利率環境，房市到二〇一四下半年才因房價明顯不合理，市場機制發揮力量，加上房市稅制改革的臨門一腳，使得房價向下盤整，至今（二〇二〇）六年來，未來房市景氣如何？仍然眾說紛紜。

投資客炒作影響房市景氣循環

然而我們從過去三次完整的景氣循環中，看到二年及三年的房價急速上漲，以及五年、七年及十四年的房價緩慢下滑，明顯感受到**房市景氣循環有「擴張期短、收縮期長（所謂擴短縮長）」**的特性。雖然最近這次房市景氣循環的擴張期長達十一年，產生了結構性的變化，但目前收縮期下滑盤整只有六年，且房價僅小幅下跌，未來會如何發展，仍待觀察。

房市產生景氣循環現象其背後原因，一方面是因為外在總體經濟、金融與政府政策所影響，另一方面是因為內在房地產產業特性及房市供需調整缺乏彈性（inelasticity）所致。由於房地產從投資、生產、交易到使用等四個面向的活動，不但都需要現場個案打造，而且各項活動所需時間都比其他產業來得更長，雖然看到房市景氣，但卻無法即時增加供給；反之，看到房市衰退，但已買入土地，甚至開工興建，在

「剃了頭不能不洗頭」的情況下，無法即時減少供給，容易造成這四個面向產生「時間落差」，而出現各自盛衰的情況，如此便形成房市的景氣循環現象。

美國學者Stephen Malpezzi和Susan Wachter在二〇〇五年於《Journal of Real Estate Literature》發表一篇論文〈投機行為在房地產景氣循環中的角色〉，該論文建立模型來檢視投機行為是否為房市景氣循環的主要原因。透過該模型的模擬分析，發現投機行為的確是造成房市景氣循環的主要原因，特別是在房市供給缺乏彈性的情況下，更容易產生房價的大幅上升或下降。因此，若能增加房市的供給彈性，將可以有效減緩投機對房價景氣循環的衝擊。

台灣因供給緩慢，而且老舊房屋的更新也不容易，相較於歐美國家，我們房市的供給要增加彈性相當困難。因此，面對**台灣都市的房市缺乏供給彈性情況下，要減緩房價大幅波動所產生的景氣循環，顯然只有從抑制投機需求著手**。而有意購屋自住者，也可多加留意。

時機

現在選擇買屋好還是租屋好？

由於消費與投資偏好的不同價值觀，買屋通常要長期持有，租屋可以短期變動，若非短期投資，不論租買「時機」並非選擇關鍵，不需焦慮困擾。

台灣房價從一九八〇年代以來，就一直高居不下，相當昂貴，讓一般想買房自住的民眾卻步，很多人擔心購屋買到房價高點。最近房市景氣似乎又有些回溫跡象，尤其現在房貸利率愈來愈低，有些人覺得付租金給房東不如付房貸給銀行，還是買屋好。想要租房，又考慮現在的租屋市場仍不健全，黑市充斥，租金也緩慢上漲，但好處是可以減少生活壓力，不會變成屋奴，也不會失去買屋之外的其他夢想。如果再想想未來房市仍充滿許多不確定性，包括短期選後政治、兩岸與政策的變動，與長期人口、所得、金融與稅制的變化；現在如果有住房需求，到底是買房好還是租房好？

房屋的租買選擇，應該先想想購屋是否超出自己的負擔能力？如果沒有儲蓄，自備款不足，未來也無法償還每個月的貸款，那就沒得選擇，只能租屋了。

如果勉強可以湊足自備款，但是未來要長期償還貸款很辛苦，不但要犧牲自己和家人的生活品質，甚至還要加班兼差打工，才能勉強償還未來二十年的貸款；如此長期的犧牲，只為換取擁有房子的個人及社會價值觀，或未來可能的增值，是否形成過度消費困境或投資風險？

房屋租買之間最大的差別，在於租屋只有消費居住功能，而買屋除了消費外還有投資功能；但任何投資行為都可能「有賺有賠」，除了考慮「投資報酬」，也要考慮「投資風險」。買屋未來會產生多少報酬？因為個案差異、區位環境及買賣時間的景氣變化，會有相當大的報酬差異，不確定性很高，不易掌握。

財務負擔能力才是關鍵

房屋的租買各有利弊得失，除了兩者財務負擔能力有相當的差距外，也會因為個人及家庭財務資源的分配不同，買房將明顯排擠其他日常及休閒生活支出；優點是可以增加居住的穩定安全感與成就感，也可能投資賺錢；而租屋可以減少財務壓力，還有居住時間、空間格局與地點環境的自由轉換彈性。因此，房屋的租買選擇除了財務負擔能力外，也會因為個人及家庭的居住與投資偏好價值觀，而有不同的選擇。

房屋買賣相對於租屋的交易成本高出許多，根據學術界長期的實證研究，台灣短期房屋買賣的平均報酬較低且風險較高，如果**個人的工作或家庭尚未穩定，短期三～五年內可能會有變動，最好選擇租屋為宜**；反之，**未來長期七～十年以上，個人的工作、家庭及收入都已穩定**，不會搬遷，才較**適合考慮選擇買屋**。

房屋租買選擇最常見的一個迷思是：「當每月要付的房租等於每月要付的房貸，就應該選擇買屋而不要租屋。」然而這個說法明顯忽略了買屋還有三成以上自備款的負擔，也忽略了近一成的購屋搜尋與交易成本，以及長期持有的成本。尤其台灣長期以來，「房租房價比」非常低，許多房東寧願空屋也不願出租，顯示相同區位品質的房屋，其房租相對於房價並不敷房屋的使用成本。若純就消費居住，而不考量未來投資可能增值的資本利得財務觀點，租屋其實比買屋划算。所以「房租等於房貸，即可買屋」的說法，明顯高估了買房的使用價值，並不正確，還要多方考量，才適合不同個人的租買選擇。

面對當前的高房價及相對低租金，雖然現在短期房貸利率低，租金也緩緩上升，但這些影響都相當有限，也容易產生錯估租買房屋的價值。真正影響租買選擇的關鍵，還是財務負擔能力，工作及家庭是否穩定，居住與投資偏好的價值觀，以及買屋必須長期持有，租屋可以短期變動的差異等因素；**市場好壞的「時機」並非選擇關鍵，不需因此焦慮困擾**。

如果因為看好房產市場，一時衝動東拼西借，購入自己能力無法負擔的房子，最後落得付不出貸款而被低價法拍，那時後悔也來不及了。

區位

房地產好區位知多少？

每個人的「好區位」各有不同，若能「逆向選擇」，找到自己真正需要的好區位，才能成為房地產居住的真正贏家。

傳統房地產經常強調「區位」（Location）是投資首要考量，卻不太談區位的內涵，到底哪裡是房地產「好區位」？購買好區位要付出的代價有多高？是否值得？自住者和投資者的好區位是否有差異？換言之，你的好區位未必是我的好區位。更別提現代高科技網路購物或上班逐漸普及，再加上新冠疫情帶來居家生活與工作的經驗，特別臉書公司預計五～十年後將有半數員工永久在家工作，所謂的「好區位」，應該不再一成不變了。

首先，**房地產的區位包含二個層面，一是一般人所認知距離市中心遠近的「都市區位」**（或稱大區位），包括第一圈市中心（蛋黃區）、第二圈市郊（蛋白區）及第三圈郊外（蛋殼區）；**另一是鄰里生活機能是否完善的「鄰里區位」**（或稱小區位），包括捷運站、公車、便利商店、公園、學校、餐廳等日常生活設施的便利程度。

很明顯地「都市區位」最為昂貴，占房地產價格的最大比例。以台北都會區為例，第一圈蛋黃大安區房價平均約每坪八十萬，第二圈蛋白文山區房價只要一半，平均每坪約四十萬，第三圈蛋殼新北深坑或淡水房價再一半，平均每坪約二十萬；而「鄰里區位」的好壞差距有限，平均每坪只有一～三萬差異，頂多差個三～五萬。換言之，**「都市好區位」的代價要遠比「鄰里好區位」高出許多！自住者為了居住生活，應首重鄰里好區位；而投資者為了增值，較看重的是都市好區位**。

就消費自住者而言，每個家庭因為成員工作與就學的地點不同，每個家庭對「好區位」的認知與需求應該也有所不同，例如我在政大教書，文山區應該比大安區的區位要好；然而就投資者而言，一般市場上都會認為蛋黃區要比蛋白區的區位要好。換言之，消費者和投資者所認知的好區位也不盡相同，消費者應重視「心中之尺」的個人需求，而投資者則是看重「市場之尺」的大眾看法。

不妨「逆向選擇」，找出個人好區位

另外，區位條件也常被房地產業者用來大做文章，宣稱個案附近未來將會有捷運、公園、大賣場、都市計畫道路開通、甚至大型公共建設等開發願景等，未來區位發展有無窮潛力。典型的是重劃區或新市鎮的區位優勢，這些「未來區位」應是偏向投資者「期待未來」的需求。而這和「現在區位」，如成熟社區鄰里或都市更新的區位環境，偏向自住者「活在當下」的生活需求，有所差異。換言之，未來的好區位未必是現在的好區位。

區位好壞條件的另一重要因素是交通設施的可及性，尤其都會地區重視大眾運輸系統的便利性，特別是捷運站的遠近距離，這對房價產生相當影響。根據實價登錄資料，鄰近市區的永春捷運站，聯開宅每坪單價要超過一百三十萬，而後二站的昆陽站，步行五分鐘距離的公寓每坪單價只要五十萬，如此房價差距是否值得？值得購屋者審慎評估「好區位」所要付出的代價。

由於區位對房價的影響很大，因此所謂「好區位」必須考慮到CP值（性價比）的高低，我認為，**高CP值好區位的基本原則就是中庸之道——不要太近也不要太遠。從都市大區位來看，即是第二圈的蛋白區，這可避免第一圈蛋黃區的過度昂貴，也可降低第三圈蛋殼區的過度偏遠；若從鄰里小區位來看，即是大馬路後面的「第一巷」，捷運、公園、學校、便利商店等走路五~十分鐘的距離，**如此可以避免相鄰太近造成相關鄰里設施的吵雜混亂，干擾居住的寧適性，同時也不會因為走路太遠造成鄰里設施使用的不方便。尤其若是購屋是以「居住為主，投資為輔」為目的，「中庸之道」的區位原則，應該可以做為房地產「好區位」的判斷依據。

這次受到新冠疫情的影響，許多人被迫居家視訊上班上課，乃至網路購物訂餐食，開啟了遠距工作生活的新體驗。隨著高科技網路的快速發展，未來工作機會與購物生活未必要聚集在市中心，傳統房地產的區位重要性將受到挑戰。若再加上未來更重視居住生活品質，都市大區位的重要性可能逐漸降低，鄰里小區位的重要性將逐漸提高，區位好壞的轉變乃至房價的變化，值得未來進一步觀察。

當然，**每個人不必要追隨市場的好區位，尤其要審慎選擇都市大區位，避免造成個人的過度負擔。若能「逆向選擇」，找到個人心中的好區位而非市場的好區位，重視鄰里小區位，才能成為房地產居住的真正贏家。**

產品

防疫宅在家，居住品質與品味更形重要

安全、健康、便利與寧適性是世衛組織倡導的居住品質重點，若能加入個人品味，更能提升家庭成員的情感交流。

這次新冠病毒全球染疫已超過千萬人，居家禁足更是超過四十億人。雖然台灣疫情沒有如此嚴重，但不可否認透過居家避免外出以因應新冠病毒，對我們目前的居住生活產生相當影響。

居家生活的時間變長了，更能體會到房子的空間大小、房間格局、通風採光、景觀視野、室內裝潢、家具擺設乃至新舊雜物的堆積等，對居家生活的和居住品質的影響有多大。透過這次疫情影響，希望能夠讓大家重新審視居家生活的環境與內涵，享受居家生活的樂趣與幸福。

居住品質五大要素

哪些要素是居住生活的基本需求呢？根據世界衛生組織所宣示的居住品質原則包括了安全性、健康性、便利性與寧適性等四項。若依此進一步衍生，我認為「良好」的居住品質可以有下列五項：

- **好空間**：包括客廳、餐廳、廚房、房間及衛浴的大小適合與使用的舒適及隱私等。
- **好格局**，包括格局方正、避免梁柱過多、房間高度適當、不宜夾層居住等。
- **好景觀**，包括視野能夠遼闊、能見山林河水、避免看到嫌惡設施、樓層高度與鄰棟間距適當等。
- **好方位**，包括通風、採光良好、南北方位、避免陽光直射西曬等。
- **好管理**，包括社區戶數多寡適中、社區每戶坪數大小相似、公設比例與設施項目適當、管委會組織健全、重視社區管理與意識、住戶大多同質水準等。

除了居住品質，我認為「居住品味」也該加強提升。我對**居住品味的界定，是能透過房子述說居住者過去、現在及未來的故事，可以有家人的情感交流空間，進而提升居家藝術文化的享受**。典型的例子是在日本節目「全能住宅改造王」中，建築師都會強調在整建住宅時，仍保留原有住宅中一些有紀念價值的元素、建材或空間，讓家人的居住經驗可以傳承，並述說房子中生活的故事。當然加入個人自己對藝術與文化的生活偏好與素材，也是提升居住品味的重要元素。

另外，個人曾在歐美生活經驗中，看到家家戶戶都非常注重室外庭園、陽台、窗台的植栽，還有梯廳公共空間、室內家裡、客餐桌上甚至浴廁的盆栽、花卉擺置，也都可以展現個人自我的居住品味。

租屋小宅缺乏管理

很遺憾的是，由於台灣都市受到高房價的影響，造成大多數家庭的居住負擔能力不足。除了居住在老舊的公寓或大樓外，建商為因應剛性自住需求，面對首購族欠缺財力，近年來只好在市區興建愈來愈多十幾到二十幾坪的小宅化產品，再扣除掉三成多的公設比，室內可以使用的空間相當有限。

由於小宅化的結果，不只是「好空間」不易，低矮夾層也只能將就，其格局不易方正，景觀、方位也不易理想。加上**小宅大多一層多戶**，**不但住戶增加**、**居住密度提高**，**社區的管理維護更加困難**。當然，這些問題的根本都是因為高房價所造成。

除此之外，弱勢族群的租屋居住品質缺乏管理規範，像是一戶隔成多間雅房及套房，頂樓加蓋等違章居住空間，不但基本居住安全堪慮，健康性與寧適性更是完全無法考量。尤其當疫情來襲，這些房客長時間居家生活，情何以堪！

當然也有些家庭因為理想房屋租賃不易且缺乏保障，只好被迫選擇購買小宅，造成上述小宅的居住困境。這些問題的根本原因是租屋市場不受重視，政府缺乏管理所致。

透過這次新冠病毒重新檢視自己的居住品質與居住品味，房屋不能只是商品或投資工具，更應重視其消費使用的空間。看到政府積極管制囤貨，包括口罩、衛生紙，但卻無視居住基本需求，房價高漲、囤地囤房、過多空屋、未落實基本居住標準、違章建築、租屋黑市，似乎只是「管小不管大」，值得深思。

從新冠疫情擴散，不論這次將持續多久，未來類似疾病可能還是會再出現，透過這次疫情的反思，希望讓居住品質與品味成為大家關注的焦點，打造一個屬於我們自己溫暖的家。

價格

認識房價的基值與泡沫

房價漲跌主要受到投資泡沫而非消費基值的影響，很容易受到投資客的操作，因此必須小心房價泡沫。

這一波房市景氣從二〇一四年下半年開始反轉，和**過去房市不景氣從新北郊區外圍先降價，再逐漸蔓延到台北市區不同，這次卻是從台北蛋黃區——特別是豪宅產品先降價，然後再蔓延波及到新北郊區**。雖然房價的漲跌乃是房市供需法則的力量展現，但為何這次台北市區房價下跌卻率先反應？

根據過去學界研究，房價漲跌是有蔓延波及現象，房價上漲由市區開始再逐漸擴散到郊區；而房價下跌卻從郊區開始再回到市區。主要是因為市區的房屋需求比郊區多，且房屋的供給又比郊區少，因此供不應求的市區較早發生，而供過於求卻容易在郊區先開始。

然而房屋需求分成居住消費及賺錢投資兩種組合，因此市區和郊區房價的漲跌，到底是消費還是投資需求所帶動？其影響為何？學界研究房價將其分解成基值（fundamental price）及泡沫（bubble price）兩部分，分別隱含其消費及投資價值。傳統透過房價所得或房價租金比，可以估算市區和郊區的基值和泡沫比例變動，藉此了解市區和郊區的投資與消費變化，進而掌握未來房價漲跌趨勢與幅度的波動變化。

台北市區房價率先下跌的真相

我和鄧筱蓉博士、陳明吉教授曾在二〇一六年於著名的國際期刊《Urban Studies》發表〈房價泡沫感染由市區到郊區〉。我們利用一九七三～二〇一四年台北（代表市區）與新北（代表郊區）的房價和家戶所得四十一年長期的季資料，建立經濟模型，先估計兩市的基值與泡沫大小與比例關係，發現這一波房市從二〇〇五～二〇〇九年台北房價泡沫明顯大於新北。然而，自二〇一〇至～二〇一四年，台北房價的泡沫卻小於新北。經過嚴謹的經濟模型分析，**台北與新北的房價的基值（消費）變化不大，房價變動主要是因為泡沫（投資）的變動所致。因此，房價的漲跌主要是受到投資泡沫而非消費基值所影響**，而且顯示投資客先在台北炒高房價，等到台北的風險增加，投資客逐漸轉向新北，造成新北房價的感染上漲。

因此，二〇一四年台北市房價率先下跌，最主要是因為投資需求（泡沫）逐漸轉向新北，導致基本面的消費需求（基值）無法支撐所致。除此之外，在我二〇一三～一四年擔任副市長任內，將台北市非自住的房地稅、豪宅稅大幅提高，抑制房地產的投資需求，也由於市中心——特別是豪宅——的房價泡沫太大，使得房市政策也發揮了臨門一腳的下滑效果。唯此政策近年來又經過柯市府的調整修正，使得原本冷卻的投資需求又開始產生期待觀望，房價因此看回不回。

房價的基值不論從負擔能力的所得、或從消費價值的租金來看，目前基本面支撐有限，雖然這幾年投資客已減少進場，但原本已進場的投資客由於口袋仍深，加上利息仍低，斷頭出場的不多，房價下跌有限。但隨著時間拉長，預期未來利率可能提升，投資客的資金週轉成本將逐漸增加，未來投資需求要長期維持原本水準並不容易，房價波動將逐漸顯現。根據上述研究，雖然過去台北房價率先下跌，但由於新北後期的投資需求（泡沫）已明顯大於台北，未來新北房價可能較不易支撐，值得警惕因應。

價格

自住投資需求變化對房價的影響

根據研究，貨幣供給每一季增加五．八五%以上，就會引發房價快速上漲，目前的高房價並不穩定，未來下跌的風險不低，各方不可不慎。

近年來，總體經濟不如預期，家戶所得難以成長，加上少子化，住宅居住需求應該會逐漸減少，在自有率已高的情況下，長期房市的成長似乎並不樂觀。不過，儘管國內的住宅居住需求逐漸減少，但貨幣供給額仍然過多，銀行游資充斥，加上利率長期一直處在相對低點，一般人對其他投資包括衍生性金融商品或創投研發等高風險高報酬產品，較不熟悉，加上對財富能力較佳的老一輩來說，仍有不少人偏愛房地產，種種因素使得投資需求仍有相當潛力。

由於房價有長期趨勢與短期大幅變動的情況，這跟房市有自住與投資兩種需求有關，因為這兩種需求對房價的影響會不同，自住需求對房市影響在基本面，對房價影響是長期且穩定的趨勢；而投資需求對房價影響快速，造成短期非線性的大幅變動。

貨幣寬鬆、游資過多，易造成房價上漲

陳明吉、楊智元、謝博明等三位教授和我在二〇一二年於國際學術期刊《Journal of Real Estate Research》發表〈住宅投資需求與房價之關聯分析〉。我們將影響房價的需求分成兩類，分別是居住需求以及投資需求，其中居住需求透過一般常用的總體變數，如所得、家戶數等來解釋；而投資需求則藉由貨幣供給變動率、股票市場報酬率等變數來捕捉。

檢視台灣過去房價上漲，**游資多寡一直被認為是房市投資需求的重要因素**，而背後的經濟成長與外來資金則是影響游資多寡的力量。基於這些理論，我們採用門檻迴歸模型，此計量方法可以讓我們區分自住（房價長期穩定的趨勢）與投資（房價快速變動）兩種狀態，測試我們上述的理論是否在實證上受到支持，同時找尋何種因素會引發房價變動狀態的改變，進而分析房價在這兩種不同狀態下，各是受到哪些關鍵因素的影響。

我們以台灣過去近三十五年（一九七五年第一季～二〇〇九年第四季）的長期資料進行實證研究。結果顯示，貨幣供給每一季增加超過五．八五％（年增二三．四％）

時，就會引發房價快速上漲。同時也顯示居住需求狀態，所得與住宅使用成本兩變數是主要影響因素；但在投資需求狀態，除了貨幣供給，股價與通貨膨脹率則是顯著影響因素。

房價長期上漲的動能，是經濟成長與居住需求累積的結果，然而國內近期經濟成長動能有限，居住需求能力也不足，房價卻持續快速成長，顯然受到短期投資需求所帶動，而此短期投資現象乃是受到游資充斥及低利率水準導致，目前此高房價水準並非屬於長期穩定狀態。過度的依賴短期住宅投資支撐房價的上漲，未來長期房價下跌變動的風險將逐漸提高，政府主管機關、金融單位及社會大眾不可不慎。

目前世界主要國家房價的上漲，都跟貨幣寬鬆與資金過多有關，台灣房市也被證實是同樣情況。為使房市穩定發展，房價漲跌不會劇烈變動，政府應關注市場游資狀況，除注意國際資金流動，也要特別監控金融體系不能過度放貸於房市。雖然貨幣寬鬆是全球的現象，台灣難以避免受到資金國際流動的衝擊，但為使房市穩定，**建議政府應採用選擇性信用管制，抑制房市與土地的投機與多戶非自用及豪宅的投資行為，將過多的游資移轉到生產事業與創新研究發展上，才能讓台灣經濟正常穩定成長。**

價格

房市降價，該入市或避市？

面對房市剛剛反轉下滑之際，千萬不要只聽片面之詞，更要小心業者的話術，唯有多做功課，確實掌握降價幅度與房屋品質，才不會做出誤判。

近年來的房市變化很大，房地合一稅前大概是從量縮價穩到量縮價微跌，房地合一稅之後，愈來愈多降價個案出現，降價的幅度也愈來愈大。從台北萬華地區水岸第一排個案，建商主動開價打七五折，新莊副都心屋主賠售逃命潮，到桃園不只青埔慘，市區新屋打六折出清，各地區房價的降價折扣戰已經開始。

個案的降價，主要是對後市的預期看法和資金週轉成本高低所致，前者為外在因素，後者是內在考量。雖然大家對於後市多不看好，但會持續多久仍有不同的期待；而資金週轉成本雖然因為個人能力有所不同，但金融市場的資金鬆緊與利率高低變化，以及金融機構的風險控管態度亦是關鍵。

降幅低於漲幅，可能仍有降價空間

在後市不看好的情況下，愈早降價，見不好就收，還有可能「獲利了結」；反之，愈晚降價，見不好還不收，不但增加資金週轉成本，未來的不確定性愈高，購屋者預期降價幅度也愈來愈大，屆時只好「認賠殺出」。

降價的依據應以鄰近相似個案的「實價登錄」資料為基準，而非以業者宣稱的「開價」為依據，以免失真。各地區產品的「降價幅度」也反映過去三～五年該地區產品的「漲價幅度」，過去漲愈多，現在就可能跌愈多。目前降幅若還低於漲幅，顯示該地區個案仍有降價空間。

固然每個個案狀況不同，降價的幅度也未必相同，但個案的「價格破壞」及「降幅比較」效果卻逐漸在各該地區發酵擴散，房市的「個案現象」將逐漸發展成為「普遍趨勢」。

當降價風潮才剛開始不久，要先思考時機是否已到底，過去該地區個案房價的發展經驗為何？未來後續會如何發展，是否還會持續降價？以及降價幅度是否能夠接受？降價後的房價是否合理？再參考鄰近地區產品降價幅度，過去漲幅與當前降幅是否符合比例？是否明顯有感且自認滿意？

最重要的，還有對產品是否滿意？產品的稀有度如何？未來是否不易找到類似產品？以及建商品牌聲譽是否良好？目前是否有急切購屋需求？價格並不是唯一要考量的因素。

面對當前房市不景氣，購屋者到底應「危機入市」還是「危機避市」？主要看的還是這個危機是短期現象還是長期趨勢，若認為**房市危機只是短期現象，可考慮危機入市**，就像當年SARS情勢；反之，**若房市危機是長期趨勢，則應考慮資金週轉成本，危機避市應是風險控管的必要思維**。

購屋乃終身大事，花費金額是一輩子的儲蓄與努力，面對房市剛剛反轉下滑之際，千萬不要只聽片面之詞，更要小心銷售業者的行銷話術，多做功課，掌握降價幅度與房屋品質，自我審慎判斷該地區產品的房市趨勢，仍是最終購屋關鍵。

管理

社區規模、面積混合與社區品質

所謂「千金買屋，萬金買鄰」，一百戶上下，中型規模、住宅面積混合程度較低的社區值得多留意。

台灣多為集合住宅社區，社區管理與社區品質息息相關，影響社區管理的根本關鍵因素之一是社區戶數規模。當社區戶數規模愈大，產生規模經濟，社區管理愈能降低成本，進而提升社區品質；然而當社區戶數規模過大，社區住戶協商管理不易，產生規模不經濟，將使社區品質降低。然而，在台灣都市的社區戶數規模是否真的產生規模經濟與不經濟現象？若是，社區應該大約要多少戶數，才符合社區管理的適當規模？

社區規模和居民滿意度有關

影響社區管理的另一根本關鍵，就是社區住戶的同質程度。**當住戶的同質性愈高，社區管理品質的共識愈容易達成**。不過，社區住戶的同質程度不易觀察，許多建商為分散房屋銷售風險，社區的產品規劃必須考量不同購屋者的負擔能力及家庭結構，所以多會在同一社區規劃不同比例的不同住宅面積，以滿足不同需求的購屋者，達到建商及早完銷、降低風險目的。因此，我們可以透過同一社區住宅面積的產品混合程度，了解社區住戶的同質程度，進而掌握社區管理品質的難易程度。

我和洪子茵於二〇〇二年在《都市與計劃》發表〈台北市集合住宅管理模式與住戶滿意度〉，透過二百五十一個社區樣本，利用機率選擇模型的實證研究，我們發現住戶自行或委託管理模式的選擇和社區戶數規模有顯著關係，而管理模式又影響了住戶對社區管理的滿意度，分析結果顯示：**一百戶左右的中型社區規模，選擇部分委託加部分自行管理的折衷模式，居民的滿意度最高**。此適當規模的結果，形成規模經濟，同時避免了規模不經濟，支持理論上對委託管理所產生的專業代理及自行管理所擁有的社區意識等好處，也反映社區規模對社區品質的重要。

另外，我和陳妍如、陳淑美教授於二〇一四年在《住宅學報》發表〈集合住宅面積混合對社區管理的影響〉。我們調查台北市三百零七個社區管委會對社區衝突、社區意識、社區參與、管理績效和滿意度等多項相關問題，另外透過建管處社區登記的住宅面積及戶數等資料，經由標準差分組有十個無混合、一百五十個低混合、一百二十八個中混合及十九個高混合面積社區，發現近郊地區或高樓層、數棟大廈組成社區，多為中、高面積混合現象。

我們再以社區主力坪數和其他非主力坪數面積的離散程度，建立社區住宅面積混合度指標，透過線性結構分析方法，實證研究發現，面積混合影響途徑主要透過社區衝突、其次透過社區參與來影響管理績效與滿意度；最後面積混合也透過社區衝突影響社區意識、社區參與、再進而影響管理績效與滿意度。此實證結果說明：**先天的住宅面積混合**（Housing Mix）不但沒有解決社區意識與社區參與等社會混合（Social Mix）問題，反而加深了後天的社會距離，**不利社區管理，影響社區品質**。

綜合上述研究成果，從居住使用者觀點，為提升社區管理績效及居住滿意度並確保社區品質，**購屋者盡可能選擇以一百戶上下、中型規模、住宅面積混合程度較低的社區**，有助於社區意識的凝聚。所謂「千金買屋，萬金買鄰」，購屋不只是為了投資賺錢，更為了居住品質，期待消費者與業者共同重視社區的管理維護，才能提升居住品質。

管理

提升社區管理不能只靠委外公司

想要提升社區的管理品質，
核心關鍵就在凝聚社區意識，並加強住戶彼此的聯繫與互動。

社會一般大眾通常比較關心房屋買賣，常忘了買屋的目的是要住得舒服。尤其現在多是社區公寓大廈的集合住宅，因此，住家的社區管理維護好壞就左右你的居住品質。

社區管理包括社區共用設施設備與公共空間等「物的硬體管理」，和住戶服務、規範與社區行政、財務等「人與事的軟體管理」。由於集合住宅社區硬體共有資產部分具類似公共財特性，即多數必要性公共設施類似「地方共享性資源」，而部分非必要性公共設施類似「俱樂部財（可排他公共財）」，如此公共財的管理將產生搭便車、過度消費、維護不足等問題；而社區軟硬體管理部分類似「公司治理」，有「管理委員會」自行管理、部分代理、和「專業管理公司」全權代理等模式，這樣的管理，容易產生管理代理模式績效相關問題。必須了解、面對並解決這些社區管理問題，才能提升居住品質。

凝聚社區意識最重要

我和朱芳妮教授、程天富教授曾於二〇一三年分別在國際期刊《Urban Studies》及國內的《管理評論》發表〈社區公共財管理集體行動困境〉與〈社區管理代理模式之績效表現〉。我們首先利用過去台北市立案登記的社區管委會問卷調查結果，分析社區管理模式（住戶自行管理、聘雇專人部分代理、委託管理公司全權代理）、管理狀況（社區規模、使用類型、面積類型、公設內容、公設比例、管理內容、管理費等）及住戶管理滿意度、社區意識凝聚度等主客觀資訊。接著我們進行集體行動、代理與公司治理等相關理論與實證模型建構，以及社區管理績效的評估，最後進行實證分析研究。

在社區集體行動困境方面，我們研究發現，社區管理效率因集體行動困境難以藉由第三方委外管理獲得解決，而是透過社區管委會自身的努力或社區意識的凝聚才能提升社區管理效率。換言之，社區品質的提升必須要靠住戶內在的努力，而非外在的委外公司。我們在先前的研究成果（我與陳香妃、葉毅明在二〇〇七年於《都市與計劃》發表）亦顯示社區意識的凝聚愈強，愈能解決集體行動的困境，進而提升社區主觀滿意度及客觀績效。另一有趣的研究是我與朱芳妮在二〇一四年《都市與計劃》期刊發表〈台北與香港集合住宅管理績效比較〉，實證結果顯示社區意識（社會途徑）發起的集體行動在台北的影響力大於香港，反之，社區規範（制度途徑）僅在香港有較大影響力，台北則無顯著影響。

在社區管理代理模式績效表現方面，我們研究發現，社區管理具類似非營利組織的代理關係，自行管理模式雖然代理成本最少，且可凝聚社區意識，但代理利益（專業技能提供）未能提升；反之，全權委託模式的代理成本最高，社區意識薄弱，但代理利益卻能提升。若能依據社區規模、管理費、公設項目、社區意識等採不同程度的部分代理管理模式，較能提升社區管理績效。我們也在先前**研究成果顯示社區規模與管理費是管理模式選擇的關鍵，而部分委託管理模式住戶的滿意度最高**。

面對社區管理集體行動與管理模式二大困境的因應之道，建議重視社區意識凝聚，加強社區住戶彼此聯繫與互動，如此也是提升社區居住品質的核心關鍵。

【張金鶚教室】

純投資vs.純消費，買房租屋觀念大不同

把買屋當作投資和消費基本觀念很大不同，但是房地產本身就兼具投資和消費的特色，有些人的想法是只租不買，那就是把居住當作是純消費。每每我在課堂上問學生說：「你們以後要不要買房子？」幾乎全部的學生都說要，但是我講完了下面的案例之後，學生對於買房的意願有些鬆動了。

▼本土夫妻與德國單身男的實例

我有一位學生的叔叔，我們就稱他是吳先生，年紀四十二歲，白天在朋友開的平價餐廳當廚師，下班後則兼差做外送補貼家計。吳太太是一般上班族，兩人育有兩個孩子。原本吳先生和太太一家四口在外租屋過生活，但是他覺得自己娶妻生子之後，有責任給家人一份安定感，在考量夫妻的經濟能力之下，最後在雙北外圍地區買屋。

難道租屋無法帶來生活的安定感嗎？吳先生想起過去幾十年來的租屋生活，「之前租房子，有時候會遇到房東沒有特別理由就突然告知不續約，要你限期搬走。我們要在有限的時間找合適的房子不容易，除了租金的問題，居住地點也是問題，最後還要快速搬家，安定下來之後，偶爾還是會擔心房東是否過幾年又不續租，又要面臨找房子的壓力；幾次下來，還是覺得應該有自己的房子，不必看房東臉色，也給家人一個真正屬於『家』的安定感。」

吳先生考量夫妻的收入，只買得起新北外圍的房子，然而面對兩人工作都靠近市中心，外送在都會區也比較有生意，因此吳先生幾經考量下又在市區租了房，每個月在房子上的開銷就將近夫妻收入的三分之一。

餐廳的生意一好，吳先生幾乎沒有休息時間，下班後接著做外送，經常忙到快半夜才回家。隔天一早送孩子上學後，稍微補個眠，又要繼續工作。

從年輕時吳先生就熱愛藝術，收藏茶具是他的嗜好，偶爾逛逛街，看到宋朝的天目茶碗或是清朝製壺專家的作品，他都可以如數家珍，品著茶，聊著這些茶具的文化，如今吳先生為了繳清房貸，把時間都拿來賺錢，「對我而言，現在有時間可以坐下來喝杯茶，就算是我最大的休閒生活了。」如今他每天睡不到四小時，形容自己是過熱的引擎，油不夠、水也不夠。

聽完學生提起這個故事後，我又想到另一個鮮明的對比故事。

我有一位包租公老友，把板橋的公寓租給一位四十歲的德國人保羅，幾乎每週都去爬山的我，上個月在陽明山遇到了他和保羅。保羅很有意思，他說他很喜歡到各地旅遊，從十三歲就開始打工存旅費，至今已經走訪了世界各地五十多個地方，讓人驚訝之是他沒買車，也沒置產，當然也尚未結婚、沒有小孩，但有個不錯的女朋友。

「我不想要有任何的貸款，我想過一個沒有負債的平衡生活，所以我很在乎生活品質，當然在心中會有一些生活準則，像是我絕對不會在星期天銷假上班。」保羅說出自己對生活的價值觀。

嚮往亞洲文化的保羅，幾年前放棄在德國科技業的主管工作，隻身來到台北，並租下我朋友的小公寓。談到台灣年輕人買不起房子的普遍現象，保羅覺得很新奇，「在德國很少人會想買房子，我的親戚幾乎都是租屋三十多年，多數的德國人也是如此，因為德國政府認為，讓人民有房子住是基本權利，政府也必須照顧人民，不會讓人民流落街頭。」

因為華人普遍懷著「有土斯有財」的觀念，房子變得商品化，可以像股票與期貨一樣買賣獲利。反觀德國政府努力維持市場的供需平衡，降低人民買房需求，其中完善的租屋政策是很大關鍵。保羅說，政府規範房東除非有重大原因，不能任意趕走房客，也不能亂漲房租，否則會面臨刑責。而且房客可以拿租金修繕租屋，維持居住的品質，這些規範讓租房等同擁有住房，能夠長期提供承租人的安定感。

保羅說，德國政府認為，在房客比較弱勢的情形下，這些保護政策是應該的，甚至還有抑制炒房的政策。比如在德國買賣房子，每次的費用很高，會課以重稅，例如房屋持有人如果在十年內出售房子，將被課二五％的奢侈稅，打壓炒作房市投機獲利的空間，也因此德國人不急著買房，也能享受安定生活。

我問保羅，接下來他有什麼夢想？他說：「我已經爬過玉山，泳渡日月潭，我想要參加台北一〇一大樓的垂直馬拉松，那應該是件很有挑戰性的事。」

至於被房貸壓得喘不過氣來的吳先生，早已對政府不抱有什麼期待，「因為不知道政府可以做什麼！」如果可以安心租房一輩子，還要買房嗎？吳先生的答案是：「絕不！買房真的太辛苦了。」

吳先生的故事道出台灣市井小民的心聲，買房子本該是為家人安生立命、遮風避雨的選擇，沒想到卻成為未來幾十年被錢追著跑的緊箍咒；住房本該是人民的基本需求，為什麼會成為箝制居住自由的牢籠？

▼▼買屋或租屋都可以實現「住房自由」的美好境界

我在課堂上讓學生思考這件事：「雖然大多數的人都說要買房，但是『想買』跟『能買』是兩件事情，如果一個人非常辛苦的買房，到底好不好？」這個問題，的確是值得購屋人深思的問題。

其實租屋和買屋各有利弊，租屋有可能遇到壞房東，居住比較沒有安定感，但是租屋和買屋相比，經濟上的負擔相對比較小；而買屋，雖然可以實踐想要有一個「自己的家」的夢想，但是實踐夢想必須付出代價，而你願意付出多少？這個答案只有自己能給。

買屋好？還是租屋好？從來沒有一個最佳的定論。租買的選擇，首先要考量是購屋會不會超過自己的負擔能力？而租買的最大差別在於，租屋只有消費居住功能，而買屋除了消費外，還兼具投資功能。

吳先生買屋困頓的經驗未必會複製，只要購屋人事先做好規劃，買屋可以很自由。

四十八歲的袁先生從事商業設計工作，另一半開服飾店多年，經營得不錯。原本兩人在內湖購入一間套房，住了好幾年。

他和另一半曾經規劃未來兩人退休的日子，兩人都嚮往住在好山好水的地方，於是看中基隆市安樂區的新建社區，他們選在一樓，陽台不但可以遠望翠綠山林，空間寬敞可以放躺椅做日光浴，也可以邀三五好友烤肉歡聚，走出社區的巷口就有客運巴士前往台北市區，只要五分鐘路程就可以上國道三號，交通十分便利。

在買第二屋之前，袁先生也曾經被報章雜誌誤導，一心想找台北市中心的房子，只是內湖小套房不管怎麼換，都只能擠進市中心老公寓，想著幾年後將退休，要爬樓梯的老公寓勢必造成不便，最後聆聽內心的聲音，以不到八百萬元購入基隆全新社區大樓，另一方面把內湖小套房脫手，在退休前將房貸減至最輕。

住進基隆新家之後，袁先生身心靈開闊，案子愈接愈多，另一半則在家研習廚藝頗有心得，自創手作廚藝教室，小有名氣，夫妻倆有空就到外木山走走，朝著他們理想的退休生活前進。

真正影響租買選擇的關鍵因素是財務負擔能力，以及個人的工作、家庭穩定度，還有個人及家庭的居住與投資偏好價值觀，這背後隱含個人對報酬及風險的偏好與承受能力。至於購屋「時機」並非選擇關鍵，反而是持有的時間長短更重要。若未能確定在自有房子住滿五～七年以上，應該考慮優先選擇租屋，以免短期買進賣出，不但要付出相當的交易成本，還要付出許多精神處理房屋買賣，承受不輕的心理負擔，未必划算。

▼▼當買屋變成純投資，人生不自由

時下不少媒體宣傳「時機」，當成買屋投資賺錢與否的標準，不僅不負責任，甚至會造成全民皆輸的困境。我有一位學生章定煊教授寫過一篇〈他抽的菸誰請客？〉，文章很有意思，大意如下：

早上菸價一包五十元的時候，路人甲跟銀行借了一百元，總共買了兩包菸，路人甲打開一包後，除了自己抽，也請朋友一起抽。

本來大家都沒菸抽，但發現銀行的錢這麼好借，一大票人就去跟銀行借錢買菸，於是香菸熱賣，到傍晚時香菸已經漲價到一包一百元，路人甲把剩下沒抽的那包菸以一百元賣出，再拿這一百元還給銀行。

大家是否想過下面三個問題：路人甲抽掉的那包菸究竟是誰請客？你會不會跟著做同一件事呢？乍看之下，這個故事是完美的經濟模式，因為銀行的貸款業績提升、菸商賺了大錢、大家都抽到了菸。可是天下沒有白吃的午餐，究竟是誰受到了傷害？

大家用直覺感受到的「沒人請客」，通常就認為沒人受傷害，不過這只是一種「貨幣幻覺」，以為持有相同的幣值就持有相同的財富。但實際上，印有相同圖案與數字的那張鈔票，到傍晚，只剩下一半的購買力，貨幣的價值其實變低了。

那麼，菸是銀行請客嗎？錯！因為銀行放款的錢，其實是存款人的，跟銀行有往來經驗的人都知道，銀行的借錢是用存款戶的資金，如果放出去的錢愈多，銀行賺取的利息也就愈多！所以，最正確的答案是：社會中所有持有貨幣的人都一起請客了。

有錢人都會拿自己的錢去投資理財，配置財富在實質資產上，也最有辦法跟銀行取得貸款；然而一般平民百姓，只能把持有貨幣當作自己的資產，因此，這是一個窮人招待富人的金錢遊戲。

買菸的劇情聽起來好像有些弔詭，但如果把買菸的行為變成買房子，會產生什麼情形？試想，自金融海嘯以來，全球政府用盡手段挽救經濟，推出一波波的量化寬鬆（QE）政策，提高實質經濟內的貨幣供給，因而引發不少海外資金以及台商購買豪宅等新一波房市榮景。

套用借錢買菸邏輯，金融海嘯後，豪宅上漲的主因也就變得很好理解了。倘若有一天每個人購買香菸的消費量達到極限，或是香菸對社會造成的危害成本太高，政府受到社會大眾的壓力太大，祭出政策，要求菸商供給必須放緩；又或是更兩難的，萬一香菸的需求完全跟不上香菸的供給時，當貨幣供給開始緊縮的時候，香菸的價格可能崩潰，亦如房價必須回檔，那麼你還會是跟銀行借錢買菸

（房）的那個人嗎？

這個故事其實呈現出台灣房地產的炒作現象，房屋最終的目的是讓人民能夠安居樂業，經過炒作，卻使得購屋人本該享有居住自由的基本權利變得更難實現。

以投資來說，房地產是看得到、摸得到、可以入住的實質資產，若是短期投資，買進賣出的相關費用很高，除非買在低點又賣在高點；若是長期投資，投資報酬率也不算突出，遠低於績優股與基金，因此把房子當成純投資並不算是理想的投資方式。買屋若以自住為考量，選擇自己喜歡的、負擔得起的，才會讓你覺得住得有品質，享受買房也可以同時擁有自由的人生。

用五大元素評估買房自住或投資

當購屋目的不同，對於五大元素的運用與考量也會有所不同，只是購屋涉及大筆資金的週轉運用，必須審慎盤算負擔能力，以免陷入困境。

前一陣子因個人退休的生涯規劃換屋，引發社會關注房市是否景氣復甦？一些親朋好友也問我是否現在適合買房？另外，最近雖然有不少媒體報導房市已有逐漸回溫的現象，然而也有媒體報導業者炒房花招百出，到底現在適合買房自住或投資嗎？

我們都應該清楚認知買房的目的有「自住居住」和「投資賺錢」二部分，當然有許多人也想兩者兼得，只是兩者的比重與優先次序有所不同。自住是以居住使用的滿意為主，而投資是以能否賺錢的多寡為重，當購屋目的不同，兩者對於當前購屋「時機」的考量也有所不同，不宜一概而論。

購屋自住的優先順序：產品→管理→區位→價格→時機

我一向主張購買房屋必須同時考量下列五個關鍵因素：「時機」（包括房市景氣

與金融、稅制及經濟等總體政策）、「區位」（包括縣市行政區、交通建設與鄰里環境等）、「產品」（包括居住面積、格局、樓層、景觀、社區公設、停車與建商品牌等）、「價格」（包括單價及總價、相鄰、相似或相同社區的個案成交價、實價登錄行情、自動估價公益平台的「好時價」估價結果、個人負擔能力和銀行貸款等）及「管理」（包括社區戶數、坪數大小混合比例、管理費、管委會、鄰居住戶水準、社區清潔維護等）。

我認為，自住者與投資者面對上述這五個因素的優先次序應該有所不同。以我個人長期研究觀察，**購屋若以「自住」為主，「產品」的良莠與主觀偏好應是首要關鍵**，因為房屋產品若不理想，就失去居住的原本主要目的。**其次是「管理」的水準高低**，這是社區居住品質長期維持的關鍵。**第三則是「區位」的滿意程度**，這是日常生活環境是否便利的考量。**第四是「價格」的高低合理與否**，此也涉及個人負擔能力及對前三項的偏好程度而定，因為房屋沒有完全相同的產品，其價格也會因個人對產品喜好而有所差異。**最後才是「時機」是否適當的考量**，尤其目前及未來的景氣時機不易掌握，不宜過度重視此因素。

換言之，如果是以居住為主的購屋需求，時機應非購屋決策的關鍵因素！因此，現在是否適合買房自住？主要是看個人對自住需求的程度強弱，以及是否找到適合個人居住的產品、管理與區位而定，每人的答案不盡相同。

購屋投資的優先順序：價格↓時機↓區位↓產品↓管理

反之，**購屋若以「投資」為主，「價格」的高低應是首要關鍵**，因為「低買高賣」才能達到賺錢的目的。然而不但當前個案的價格仍然居高不下，更別提未來個案價格的漲跌更難掌握，若進一步考量資金週轉與持有和交易成本，現在買屋投資的價格風險不小。

其次是「時機」的考量，雖然許多業者看好房市景氣回溫，然而過去房市長期過度景氣，房價持續攀升，使得購屋者的負擔能力愈來愈有限，造成此次回溫缺乏支撐力道。加上不同政治壓力考量，未來房市相關改革的不確定性，房市短期時機仍在盤整階段，長期人口與所得的基本因素更不樂觀，世代購屋能力的差異與房屋繼承的現象將凸顯，使得房屋供過於求將愈來愈嚴重，未來景氣時機應有所保留。

第三應重視「區位」，目前市中心不但房價過高且都市更新緩慢不易；另外，市郊新發展地區擴張速度過快，不斷炒作預期相關建設，使得房地產投資傳統區位保值或增值的不確定性愈來愈高。

第四是「產品」，目前產品為因應高單價、低總價的需求，「小宅化」產品當道，居住品質勢必降低，這樣的產品隱藏未來投資風險。

最後才是「管理」，當短期投資轉手不易，面臨只好長期出租經營，這時小宅或是大小宅混合社區均將產生管理不易的困境。

審慎盤算負擔能力

綜合評估當前房市的投資環境，顯然仍有許多疑慮。現在是否適合購屋的決策，不但自住與投資目的不同，每個人對房地產的主觀需求與房市客觀認知也有所差異，再加上市場上個案的選擇不同，每個人的答案未必相同。然而購屋涉及個人及家庭大筆資金的週轉運用，負擔能力的考量必須審慎盤算，以免因購屋陷入生活困境，那就因小失大了。

【張金鶚教室】

我的購屋七三比法則

從事房地產研究是我的興趣，也是一生志業。我觀察到一個有趣的現象，就是大家無論買手機、買電視、買音響等，都會花費一番工夫去研究、做功課，但是很多人要買房子時，卻不一定會做功課。也許有人會花費許多精力研究市場之尺，但對於最切身的「心中之尺」，卻吝於花心思去探究、分析自己的需要。

▼從居住史認識自己

我這一生到目前為止，買過三間房自住，而目前這一間也許是我的最後一間退休宅。回顧出生以來住過的房子，小時候是跟爸媽居住，大學是校外租屋，出國求學累積不少租屋經驗，學成歸國先租屋再到買房，大概累積住過二十幾間不同房子。這些過程累積下來的經驗，加上我本身專長學建築，還有相關產業好朋友的薰陶，以及熱中研究房地產，這些背景一再豐富我的居住感受。

人的生活離不開「住」，居住的感受是被記憶的、也會不斷延續，它提供安全感但同時也可以成為占據自由人生的枷鎖。然而，看著高房價帶給不少人對買不買房充滿疑惑與壓力，我想藉著自己的買屋經驗，分享透過五大元素探究自己的心中之尺，掌握消費與投資七三比的法則買屋，為自己的人生自由加分，同時也回顧那些年，曾經陪我度過歲月的房子們。

在買屋之前，我的租屋生涯培養我對居住的「需求」——沒錯，因為每個人對居住的感受並非有著相同的標準，所以建議每個人都要熟悉自己的居住史。

大學考上中原大學建築系時，我曾在校內租屋，那是六到八人一間的擁擠宿舍，小時候住透天厝的我，在狹小擁擠的學校宿舍裡住得十分痛苦。沒多久就和幾位好友在校園附近找地方租房子，後來找到一間農舍，那時候茅廁和房舍是分開的，每每要上廁所時，得要走出房子再走到茅廁，現在回想雖然很不可思議，但當時自己的確享受當地的田園生活，是很特別的人生經驗。

當時由於家人全都移民到巴西，我因此打算畢業後再出國留學，當然，一切都很順利地按照計畫。畢業後，我申請到麻省理工學院（MIT）環境設計與規劃研究所，並前往波士頓。當時我第一眼見到宿舍裡都是實木家具，不但有廚房、廚具，還有客廳及沙發，兩房與一廳一衛的格局，讓我受寵若驚，我訝異著國外的學校宿舍怎麼可以住得這麼好！

後來原本移民巴西的父母，由於住不慣搬回台北，因此我取得MIT碩士學位後，返台受聘於東海大學建築研究所，校方幫我安排離牧場較近的海外學人宿舍，環境十分優雅，也正好延續美國留學時期的熟悉寬闊居住空間。

然而，在東海任教一陣子，休假日舟車往返台北和台中，想想也不是辦法，於是回到台北就業，進入營建署工作。為了延續國外租屋以來的居住感受，我和太太找到了依山勢而建的新店花園新城社區，最吸引我的是仿歐美的屋宅設計，室內空間寬敞，還有一處小庭院可以拈花惹草，沒有小孩的我，還跟太太協商把多餘的空房出租給一位在台工作的德國人。從新店山上的花園新城，進入台北市並不是很遠，但它的缺點是因為鄰近山區，環境太過潮溼。

在營建署工作時，我同時也申請前往賓夕法尼亞大學攻讀博士，順利取得入學許可後，我獨自飛往費城，在學校附近租屋，因為過去的租屋經驗，讓我知道租屋最重要是方便隨時打包搬家，因此，我蒐集許多運送牛奶的塑膠提箱當作置物櫃，也省下未來搬家打包的麻煩。在賓州的第二年太太辭去工作到美國，直到一九八六年我們一起回到台灣。

再次回台，我和太太暫租在台北市中心的臨沂街，因為有牛奶箱當置物櫃的經驗，我還特別訂製了三十幾個漆上不同顏色的木製提箱，方便藏書、收納與搬家。

▼▼確認工作志業，購入人生第一屋

終結我租屋生涯的關鍵點是，一九八七年進入政治大學任教後，當時我確認自己對研究與教育有很大熱忱，並且把教書當成一生的志業，這一份心裡的踏實感，加上生活已逐漸穩定，在與太太討論後，我們決定在政大附近買房。

一九八八年，我和太太看中了指南路二段巷弄裡一棟屋齡約三十年的二十多坪公寓頂樓，當時屋主開價一百萬，價格符合我們的預算，當時我們心中還規劃頂樓可以加蓋做一些設計，於是和仲介約好時間簽約。

簽約當天，我和太太在政大附近周圍散步時，順路又走到秀明路附近，正巧看見臨街某一戶陽台掛上紅紙牌，寫上「售」字，我和太太靈機一動，順便走去看屋，這間位在五層公寓的三樓，屋齡十五年，面積大約三十五坪，格局方正又通風，我和太太一眼就非常喜歡這間房子。

不過，最尷尬的是屋主當時開價兩百二十萬，遠遠超出我們的原先的預算有一倍之多，因為我們不願放棄，屋主商議了許久，最後以兩百萬元成交。至於原本要簽約的頂樓，當下也就決定不簽了。

我一再強調，買房子只要負擔得起就可以買，雖然我的「第一屋」超出原先的購屋預算，但是這是一間我和太太都很滿意的居住空間，面積大小、房間格局和通風採光良好，加上離我工作的地方也不遠，這些條件符合我們的居住需求，讓我住得很舒服。

我跟太太回家後也仔細地衡量經濟能力，討論還款計畫及負擔貸款，以及初期可能需要調整的生活方式，這是最現實的問題，最後我們也共同決定咬牙買下。

▼▼房貸壓力減緩、財務穩定，購入第二屋

買了第一屋後，台灣房價開始飛漲，期間我也做了一些房地產的小投資，住在第一屋時，我跟太太經常在政大河堤散步，天南地北地聊天，「如果有一天河堤邊蓋了房子，最想住在這邊，可以在家看著好山好水好風景。」這是我們都夢想的房子。

隨著年紀增長，房貸壓力慢慢減緩，我把父母接來同住。一如往常，某天我們在河堤散步時，正巧看到河堤邊有塊地正在整地準備銷售，好奇詢問之下得知這筆建案的建築師是我中原的學弟，於是約好了日子前往他的事務所拜訪，學弟說那塊地還沒開案公開，無法販售。

在好奇心的驅使下，我還是看了建築物規劃的藍圖，「這是一間我跟太太夢想的房子」想法就浮現，當時很快就選定這棟十層樓華廈的九樓居住，我明白這間房子最大的賣點就是面河的景觀，於是在一九九二年以近千萬元代價買下這間預售屋。

跟第一屋買中古屋的過程不同，購買第二屋當時我正申請前往英國擔任訪問教授，而且在尚未開案時就下訂，購屋決策看起來似乎很冒險，但在英國當時，我靠著跟學

建築的好友頻繁地書信溝通，請他協助追蹤了解預售屋的興建進度，有了好友及學弟掌握進度，自然讓我放心不少。返台之後，我跟太太幾乎天天在河堤散步，「比監工更像監工」，看著「第二屋」從平地變高樓，心中理想家園逐漸踏實。我從一九九四年入住，就一直住到二〇一九年退休前，才搬離第二屋。

▼▼從「三宅一生」到尋覓退休宅

由於第二屋住得相當滿意，一九九九年得知十樓有屋主要賣屋，我便決定買下，把住在第一屋的爸媽接過來就近照顧，避免老人家爬樓梯不方便，這是我買第三屋的主要目的。

對很多經濟不夠充裕的家庭來說，在面臨家庭成員的增加或變動時，必須換到更大的房子，一買一賣也就是必然。其實當時我評估對第一屋仍十分有感情，加上能力可以負擔，並不想急著賣掉。

但是為了減輕經濟壓力，於是當起了包租公，開啟了一屋租房、一屋自住、一屋父母住的「三宅一生」階段，長達十多年時光。

直到近年房價不斷上漲，第二屋逐漸老舊，加上接近退休年紀，起心動念要找一間適合退休的好宅。因緣際會之下，我買了人生「第四屋」，也是現居的退休宅。

回想這個購屋過程，也是一個美麗的意外。記得當時太太意外摔傷了腿，在住院期間很無聊，有一天她看到政大附近的建案廣告，十分吸引人。在退休前幾年，我曾經盤算著從政大退休後，退休宅居所未必要選擇文山區，因此，搬進市中心，找一間管理完善、生活機能方便的大樓，一直都是我的選項之一。

其實頂客族的我，早年買屋幾乎不太考慮公設高的社區大樓，當時我以工作優先，把學校當成生活重心，社區設施對我來說使用機率低，況且還要占掉不少的管理費支出，管理維護若不到位，等於是社區災難。

▼人生第四屋，更要重視退休生活需求

我的「第四屋」考量到退休後的生活日常需求，包括運動休閒、跟學生朋友交誼等因素，一間好的住房社區管理就很重要，我心中理想的退休宅，必須有讓人滿意的社區公設及安心的物業管理。

在病床的太太直嚷著要我去一探究竟，當天我就找了政大好友林教授夫婦一起賞屋，這是一間已接近完工的實品屋，進入社區前的林蔭就讓人有世外桃源的感覺，很快地我就被社區會館吸引，整個社區的住戶規模適當，會館規劃有圖書室、電影視聽室、游泳池、三溫暖及交誼廳等，幾乎是我跟太太心中理想的公設配置，會館外觀設計現代且時尚，比較鄰近新建大樓的公設，別具規模的會館是社區最大賣點。

陸續參觀社區不同類型的產品，我相中了位於某棟五樓的頂樓，起初我對於頂樓的隔熱效果很有疑慮，陸續請教過建商及同業專家，得到當今建材不若過往，加上建築工法的進步，頂樓隔熱的效能跟過去不可同日而語。

我把看屋過程和太太分享後，她興致勃勃挑了一天坐著輪椅來看房，當我帶她看到自己最屬意的五樓時，剛好旁邊有個可以望向遠山綠林的大露台，當時又有微風輕輕吹拂，這一戶的優點也打中太太的喜好，於是我們最後決定換屋。用購屋五大元素分析，產品及管理都得到相對滿意的分數。

先前我跟太太曾經為了退休住居「需求」討論過，隨著近年房價慢慢墊高，為了這間人生最後的退休宅，我們評估必須要陸續賣掉第一屋和第二屋，才能讓退休後不再負擔龐大的貸款壓力。

在決定售屋時，一度還擔心過程不順利，卻沒想到卻乎意外地快速。位於秀明路、曾經想推動都更的老公寓，要售屋時太太很捨不得，從搬到第二屋時，這間公寓就交由太太一手打理及改造，這當中我們曾經當過愛心房東，出租給弱勢族群及自己的學生，也曾當成許多親朋好友來台北市暫時的住所，點點滴滴留下很多美好記憶。

▼我的購屋心得：好的產品、區位及管理，才能立於不敗

賣屋時，除了參考當地仲介給的售價建議外，主要是利用「好時價」估算當時可能的成交行情，從年初公寓開價一千六百萬元左右，不到二個月最後以一千四百五十萬元成交，每坪大約三十七萬多元，快速成交的原因是產品及區位都不錯，總價也符合現代一般家庭需求。

第二屋跟第一屋相同，太太也是真心捨不得。但我可以理解，第二屋是我們居住時間最長的一間房子，前面擁有非常優美的河岸景觀，後面還是鄰里公園，通風採光絕佳。預售初期就花了很大心力規劃及室內裝潢，房間的格局方正且保養維護良好。雖然

兩千兩百萬元的總價，未必是當地首購族可以接受的價格帶，但太太堅持不降價，只求等到識貨好買主，卻也讓我這間房屋幸運成交，得到比「好時價」預估稍高一些的價格。

我的賣屋經驗，也讓我發現有趣的現象。我的第一屋自一九八八年以兩百萬元購入，如今以一千四百五十萬元賣出；一九九二年以近千萬買來自住的預售屋，最後以兩千兩百萬元賣出，兩戶購入時間點才相差四年，但第一屋能以七倍多的價錢賣出，第二屋以兩倍多的價格成交。這也說明從第一屋至第二屋，台灣房價漲升速度太驚人。

但我仍要強調，買屋自住的原則是「七成消費、三成投資」的心態。因為買屋的好時機、好價格很難掌握，而且控制權並不在自己，唯一能掌握的是買到好產品、好區位及好管理，如果能掌握這三個元素，其實已經掌握七成自住消費購屋原則。

當初買第一屋，我選擇工作方便的區位而非市場上的好區位，時機點是我確定把教書當志業，也確認可以在政大教下去，並未考慮市場是否好時機，價格雖然超出預算，但還算負擔得起。再買第二屋時，除了鄰里小區位佳之外，通風採光良好，尤其河岸第一排景觀產品更是難得，我再加入管理的元素，補足原本第一屋的不足。

第二屋更是我和太太夢想中的產品，擁有好景觀，在家還可以直接看到我在學校的辦公室。房子對我而言就是要住得舒適、自己喜歡，這個比重必須占七成以上，而且只要產品力夠強，對於未來脫手絕對不是難事。

所謂產品力，像是有好的格局與設計、好的方位與景觀，就像我的第一、第二屋，我出售時機點也不是賣房的最佳時機，但卻在預期中迅速成交，而且比較過「好時價」之後，也賣在合理價格中。

如今，我買來自住的第四屋，說來也算無心插柳，考量我退休生活的需求，社區更強調要有好的管理與休閒設施，並且合乎我選擇的區位：第二圈第一巷，格局方正又通風，有露台可以享受好景觀，我遇到了理想中的產品，在此時買下，也符合購屋以消費為主、投資為輔的原則。

房屋是長期的居住使用，而時機你很難掌握，現在的好時機和未來的好時機不見得一樣，且相同的時間點，不同的區位，不同的產品，好的時機也不盡相同。遇到喜歡的產品又負擔得起，難道不買嗎？

我用自己的購屋經驗，分享買房的消費與投資比重在七比三。從五大元素來做分析，區位最好從自己熟悉的環境中挑選，其中**都市大區位偏投資**，而**鄰里小區位偏消**

費，換言之，區位包含消費與投資雙重的內涵，每人對區位的消費或投資認定未必相同。

產品與管理才是與生活最息息相關的重點，而時機和價格都是可遇不可求的變數。

如果購屋者出現了衝突與選擇的內心交戰時，除了「憑感覺」之外，還有兩種方法協助評估你的心中之尺，選到可以讓你享受居住自由的好房子

▼▼初階版評量表

一、**當心中有不同候選產品難以選擇時，可以先列出購屋五大元素在自己心中的重要性**，依最重要的加權五分、最不重要加權一分，再排列順序。

二、**將每個產品分別依照五大元素評量優劣，乘上加權分數後加總，就是該產品的分數**，最後比較候選產品，誰得分高，便是心中的理想產品。

三、如果我們可以用「很好、普通、很差」三級距評估，也可以用「很好、不錯、普通、稍差、很差」五級距方式評估。

我的第一屋

一九八八年購入進住，

靠近政大的三樓公寓，

屋齡十五年。

用購屋的五大元素來分析，我對我的第一屋公寓產品極為滿意，給予五分，鄰里的小區位也予四分；至於屋主最後同意讓價，而且出售時的賣價也相當滿意，給予四分，也讓我們順利擁有負擔得起的好房子。當然，五大元素裡最難掌控的是時機，因為無法預期，時機並非決定我購屋的關鍵，當初我決定落腳在政大的主因是希望給家人穩定的生活；至於公寓的管理，在那個時代還不流行，恐怕是五大元素裡最美中不足之處。

我的第一屋五大購屋關鍵元素簡易評量表

關鍵元素權重	產品 (5)	區位 (4)	價格 (3)	時機 (2)	管理 (1)	總分
很好 (5)	V					
不錯 (4)		V	V			
普通 (3)				V		61
稍差 (2)					V	
很差 (1)						
小計	25	16	12	6	2	
%	41%	26%	20%	10%	3%	

第一屋五大購屋關鍵元素配比

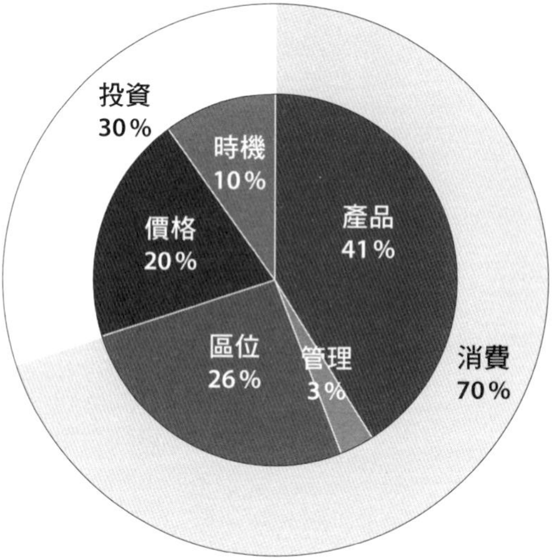

我的第二屋

一九九二年購入，一九九四年進住，政大河堤邊有景觀的九樓華廈，預售屋。

若同樣用購屋五大元素來分析第二屋，我們對位於第九層的華廈河岸景觀、明亮通風與採光極為滿意，給予五分；鄰里小區位生活機能佳，對面就是我政大辦公室，交通也很方便，給予四分；至於價格，買價符合市價，賣價也合乎理想，也給予四分；購買及出售時機較不理想，給予二分；管理方面因只有簡單的總幹事一班八小時管理，但社區意識與鄰居相處都不錯，我們給予三分。

我的第二屋五大購屋關鍵元素簡易評量表

關鍵元素權重	產品 (5)	區位 (4)	價格 (3)	管理 (2)	時機 (1)	總分
很好 (5)	V					
不錯 (4)		V	V			
普通 (3)				V		61
稍差 (2)					V	
很差 (1)						
小計	25	16	12	6	2	
%	41%	26%	20%	10%	3%	

第二屋五大購屋關鍵元素配比

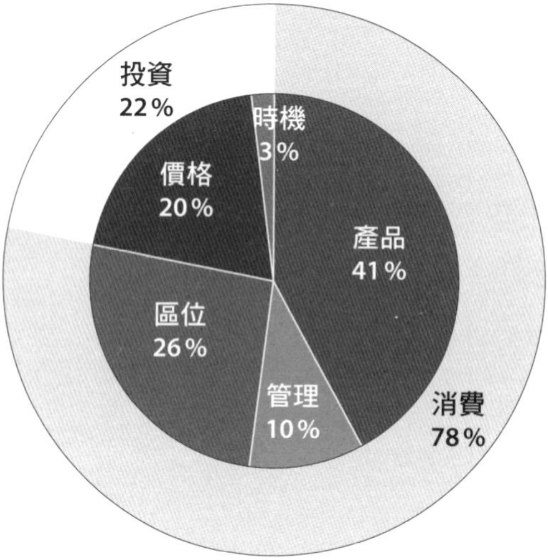

▼▼進階版評量表

初階版評量表簡單易懂，對購屋人來說很好用，不過若有多項因素要分析，且認為用一～五分的權重並不理想時，就需要稍微複雜的方法計算較為精確，像是學術界常用的層級分析方法（AHP），來協助我們做決策。

一、先從購屋五大元素兩兩相比，選擇自己心中的比重，例如以我來說，權重的「時機vs.區位」的比重就是1:5。

二、再依照權重表格算出五大元素各個分數，我們以「縱軸vs.橫軸」計分，如「時機vs.區位」，我認為時機較不重要，上表列1:5，下表便填上1/5，而「區位vs.時機」，區位較重要，因此填上5，依此類推。

三、將上表縱軸各項分數除以總計填入下表，例如：「時機vs.時機」的欄位便是1/25=0.04。填完後再依橫軸各列加總，最後算出權重，以「時機」為例，權重為0.17/（0.17+0.84+2.41+1.20++0.39）= 3%

四、透過上列三步驟，算出五大元素在購屋者心中的真實配比，我個人依序為產品四八%、區位一七%、價格八%、管理二四%、時機三%。再以這五大元素權重配比來分析個案，每個元素給予一～五分的優劣程度，得到最後的評量結果。

我的五大購屋關鍵元素權重評量（AHP 版）

	極度偏好	非常偏好	很有偏好	稍有偏好	無	稍有偏好	很有偏好	非常偏好	極度偏好	
	9:1	7:1	5:1	3:1	1:1	1:3	1:5	1:7	1:9	
時機							V			區位
時機									V	產品
時機								V		管理
時機						V				價格
區位							V			產品
區位						V				管理
區位			V							價格
產品				V						管理
產品			V							價格
管理				V						價格

	時機	區位	產品	管理	價格
時機	1	1/5	1/9	1/7	1/3
區位	5	1	1/5	1/3	5
產品	9	5	1	3	5
管理	7	3	1/3	1	3
價格	3	1/5	1/5	1/3	1
總計	25	9.4	1.84	4.8	14.33

▶▶ 0.17/（0.17+0.84+2.41+1.20++0.39）= 3%

	時機	區位	產品	管理	價格	總和	權重（%）
時機	0.04	0.02	0.06	0.03	0.02	0.17	3%
區位	0.20	0.11	0.11	0.07	0.35	0.84	17%
產品	0.36	0.53	0.54	0.63	0.35	2.41	48%
管理	0.28	0.32	0.18	0.21	0.21	1.20	24%
價格	0.12	0.22	0.11	0.07	0.07	0.39	8%

我的退休第四屋

二〇一八年底購入，二〇一九年進住，
秀明路「微山丘」五樓，
新成屋。

我用購屋五大元素的進階版評量表來分析我的第四屋。因產品完全符合我們的理想，給予五八%的分數；此新社區有非常好的會館且委外提供類似旅館全面式的物業管理，給予二三%的分數；此社區的區位公設雖然離市場、學校、公園有一小段距離，但位於典型的第一巷，我給予一三%的分數；至於購買此屋的價格比我預期的要高，且因為我們較早買，後來的價格比我們初買時更便宜，我給予四%的分數；最後有關此屋購買時機，因為我主要考量的是退休生活，加上換屋，景氣與否並不在我的考量範圍內，所以我只給予二%的分數。

我的第四屋五大購屋關鍵元素評量（AHP 版最終結果）

關鍵元素權重	產品 (48%)	管理 (24%)	區位 (17%)	價格 (8%)	時機 (3%)	總分
很好 (5)	V					
不錯 (4)		V				
普通 (3)			V		V	412%
稍差 (2)				V		
很差 (1)						
小計	240%	96%	51%	16%	9%	
%	58%	23%	13%	4%	2%	

退休第四屋五大購屋關鍵元素配比

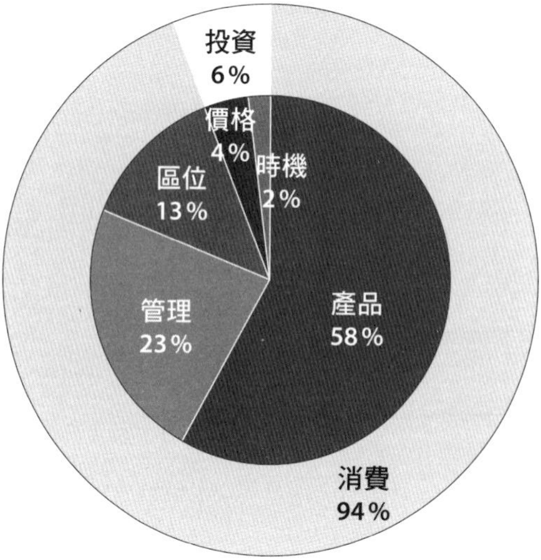

不論從初階版或進階版的住房評估結果，可以看到我個人在不同生命週期的消費與投資五大元素配比的不同變化。年輕時期第一屋綜合買賣的結果，住房消費與投資比例為七比三；中年時期，第二屋綜合買賣的結果，消費比重逐漸增加，愈來愈重視居住品質，消費投資比重接近八比二；退休後的第四屋，不但重視居住品質，更重視生活品味及休閒樂活，消費投資比例超過九比一。

整體來說，我個人第一、第二屋的買賣以及第四屋的換屋經驗，都是以消費為主、投資為輔的住房決策，對住房自由的人生能夠獲得基本的保障，或可分享參考。

03

活用大數據，自己的房屋功課自己做

房地產實價登錄價格眉角多

實價登錄除了可能作假，真實成交個案也有許多例外與差異，民眾參考時，必須謹慎，才不會產生偏差，造成錯誤的決策。

房地產實價「登錄不實」的現象，時有所聞。二〇一九年在嘉義有三名投資客以一千六百萬買得土地，為能向銀行獲得更多貸款，以及未來出售時可以減免土地增值稅，地政士及買賣雙方以三千二百萬作假，以低買高報登錄在官方的「實價登錄」網站，結果被查獲，買賣雙方不只罰款，還被判刑。

政府實價登錄資料可能有少部分並非成交價格，如此登錄不實的成交價，將誤導房價資訊，政府雖然訂定查核機制及相關罰則，但受限於人力資源，只能人工隨機抽樣查核，但實價登錄案件太多，成效有限。

要解決問題，最簡單的方式便是利用大數據資料，以經濟估價模型及人工智慧方式，建立一個房地產大量自動估價模型。例如美國有Zillow自動估價系統模型，台灣目前也已有「好時價」（House+）自動估價的公益平台。未來每筆資料申報，若都必須經過此大數據模型檢查過濾，如果發現異常，可立即以人工進一步查核，才能真正有效的遏止實價登錄可能造假的問題。國外實價登錄經驗與一般國稅局稽查逃漏稅的方式，也都如此。期待政府能積極改善此一弊端，建立民眾對實價登錄的信心。

除了實價登錄可能作假外，實價登錄的真實成交個案仍存在許多「備註欄」，包括親友交易、違建、改建等「非正常交易」案例價格，一般人應有基本認知，**有備註欄的成交價應更審慎看待，不宜視為正常交易價格的參考**。

成交價也與議價能力有關

除此備註欄的問題之外，實價登錄的房價應注意公設面積所占的比例，以及是否包括停車位等問題。然而即便絕大多數實價登錄的價格是真實成交個案，且沒有備註欄，也注意到公設比及停車面積，不一定就是市場的真實房價。買賣雙方應清楚這些個案成交價背後有許多「眉角」，一不小心可能落入陷阱，需要相當的專業判斷。

江穎慧、谷元、劉峰和我在二〇一九年學術期刊《International Real Estate Review》發表〈社區價格分散之分析〉。我們利用二〇一二～一七年社區管委會登記及實價登錄兩個資料庫，取得同一社區有四個以上成交案例的台北市一千二百七十四個社區樣本，透過特徵價格（Hedonic Price）模型，調整相同社區成交個案的交易時間、樓層及面積等差異，形成幾乎完全相同的類似房屋產品價格。我們進一步檢視這些相同社區類似個案的成交單價，都還存在有平均九．五四％差異。

少部分可能因個案不同的室內裝潢、家具設備及保養維護所造成，但更可能顯示這些個案背後的真實成交價涉及買賣雙方與仲介人員三方議價能力（討價還價）所造成的差異。本文研究的**成交價可能是「買貴或買便宜」的結果導致**，因此買賣雙方立場不同，高低成交價就各取所需了。

根據實證研究結果，我們發現**低單價、居住面積愈大、屋齡愈老舊的房屋，同一社區愈多交易案件，愈大型的多戶數社區，於市中心地區的房子，愈容易產生相同社區類似產品價格差異較大的情況**；反之，高單價的房屋，政府興建的國宅，上市上櫃建商興建的社區，其相同社區類似產品價格分散的情況較小。上述這些產品特徵可以提供消費者進一步認識，成交價除客觀產品、區位與時機因素外，也受到買賣及仲介三方的主觀議價能力影響。

希望社會大眾能夠清楚認知，實價登錄的成交價訊息有其局限，必須要經過審慎的評估判斷，才不會產生偏差，造成錯誤的決策行為。當然，除參考實價登錄資訊外，消費者更可以透過大數據及人工智慧的科學方式，利用「好時價」免費自動估價的公益平台，了解個案價格，同時也可以在「好時價」網站上，獲得相同社區成交案例、附近相似個案、附近相關鄰里設施，以及過去到現在的房價趨勢等相關資訊，做為個人掌握房價的參考依據。

實價登錄的房價即為市價嗎？

成交價涉及買賣雙方個人特徵、偏好與議價能力，
建議除了實價登錄，也可多利用自動估價公益平台「好時價」（House+）。

想必大家都會關心或想了解當前「房價」為何？房價背後隱含的「房屋價值」為何？但房屋的「真實價值」（Truth Value）該如何得知？很多人會說市場的「成交價」就是「真實價格」（Truth Price）。然而我們都清楚，「**價格（Price）並未必等於價值（Value）**」，暫不論「主觀」價值與「客觀」價格的認知差異，這背後還涉及「市價」（Market Price）與「成交價」的差異。

市價乃指市場行情，為大多數人共同的主觀認知，而成交價是買賣雙方個人的認知。市價為一機率分配的區間範圍，通常以「**最有可能的成交價**」（The Most Possible Transaction Price）為代表；而**成交價為個別單一買賣雙方同意交易價格，這涉及買賣雙方個人特徵、偏好與議價能力**。

房屋市場價格因為沒有一個完全相同的房屋特徵（學術界稱「異質產品」），透

過每筆房屋的成交價，並不容易獲得「市價」。

時間、空間、產品都會造成差異

政府自從二〇一二年八月起，在網站上公布房地產「實價登錄」資訊供民眾查詢，目前有上億人次瀏覽使用，為政府官網中點擊率最高的網站，可見社會上對了解房市成交價的需求。實價登錄網站雖然可能有少部分「灌水」，產生了過高或過低的不實成交價，但大部分都應是真正的成交價。

不過，在實價登錄的成交價中，相當大比例有備註欄，包括親友交易、違建、增改建等，這些均為「非正常交易」，需特別注意，其成交價格需要再經專業調整，才適合一般人參考，否則寧可捨棄不用，不要受到這些特殊成交價的干擾。

即便實價登錄的正常交易價格，又涉及「時間」、「空間」及「產品」三部分的差異調整，才適合比較參考。因為當前和過去房市的景氣供需不同，時間落差造成的房價會有所差異。另外，各個成交個案不論在彼此鄰里設施或相鄰區位遠近，也都有空間區位差異，以及不同樓層、景觀、坪數、格局乃至室內裝潢的產品差異，這些都必須經過專業客觀及個人主觀的調整，才適合參考。

因此，實價登錄個案成交價資料應盡可能選取相近時間、相鄰地區（五百公尺範圍）以及相似產品個案，最好為相同社區，如此的成交價較能成為市價參考。

目前**實價登錄包含「總價」及「單價」，購屋者應先關注房屋「總價」及面積坪數，然後了解總價是否包含停車位及房屋的公設面積與比例，最後再來關注「單價」**。然而不可諱言，買賣雙方都會用單價做為房價主要參考依據，經由比較先確定單價，再乘上房屋面積成為總價。但是車位與公設面積的價格和室內專有面積的效用價格大不相同，不宜混為一談，最好分開計價，以免看似單價便宜，結果總價卻是不划算。

一般民眾除了要非常仔細參考實價登錄價格外，建議可同時參考利用實價登錄大數據的資料整理，再透過計量經濟模型、地理資訊系統及人工智慧等專業技術建立的房地產自動估價公益平台「好時價」，免費估算標的個案當下行情。

好時價透過上述估價方法，客觀科學的提供正常交易的時間、空間、產品、以及車位等差異調整後的總價及單價結果供參考。好時價網站在估價完成後，同時也會提供鄰近相似個案成交價，附近相關公共設施狀況，甚至相同社區成交案例供參考。希望未來實價登錄資料及好時價自動估價系統都能不斷精進，讓社會大眾能夠更容易對房屋的「真實價值」有所參考掌握。

預售屋價格知多少？

同類型預售屋的價格多半會高於成屋，
但也會受持有成本、產品、品牌和景氣等因素影響。

原本實價登錄2.0修法是要求建商將銷售中的預售屋個案，在銷售後就即時登錄實價，而不是等到個案全部銷售完畢後一個月才登錄。遺憾的是，目前實價登錄對預售屋仍有許多盲點，買賣雙方資訊不對稱的情況嚴重，一般人對預售屋價格及銷售狀況的掌握還是相當不足。尤其預售屋具有期貨特性，加上個案銷售的廣告宣傳效果，通常形成中古成屋房價的領先指標。

目前台灣實價登錄資料多為成屋價格，若能透過成屋價格了解其與預售屋價格的關係，將有助於我們掌握預售屋價格。到底預售屋價格比成屋價格高還是低？若這兩種房屋在相同區位、產品、時機下，彼此差距有何關係？預售屋價格能否類似成屋方式利用大量估價建立模型，提供各界自動估算預售屋價格？

雖然預售屋相較於成屋無法實際看到摸到，而且完工後的房屋品質是否和預售合約相同，仍存在風險；但是預售屋能夠有產品的優先選擇權（Option）、避免未來房價波動風險，以及自備款分期付款等優點。如果將預售屋比喻為「期貨」（Futures，更精確的說法應是「遠期交易」，Forwards），成屋比喻為「現貨」（Spots），**根據期貨相關理論，預售屋價格將領先並高於成屋價格**。然而這兩種相同期間、區位與品質的預售屋與成屋的價差高低，將會受到持有成本、產品風險、建商品牌、預期房市景氣變動等影響，兩種產品價格並非是固定的比例價差。

大數據及人工智慧模型的應用是未來趨勢

江穎慧、朱智揚和我在二〇一九年十二月《住宅學報》發表〈預售屋大量估價模型〉。我們透過實價登錄資料及國泰房價指數資料（多為預售個案）兩個資料庫坐標、屋齡和樓層相互比對，實證研究台北市二〇一二年第三季～二〇一五年第四季共一百五十九個預售個案，三千二百五十六筆成交價格資料，特別納入鄰近五百公尺的成屋平均單價（分析成屋與預售屋價差，簡稱「基差」）及個案建商特徵，利用「特徵價格法」，建立預售屋大量估價模型。

研究實證，預售屋大量估價的結果，都達到一般國內外要求的高標準，平均誤差一〇・八九％，正負二〇％命中率達八七・六八％，應具有相當的參考價值。結果顯示，預售屋平均單價與附近成屋的基差，在這段景氣高峰（模型期間二〇一二～一四年）高達三五・五％，而在二〇一四年第三季預售屋價格也看到顯著反轉向下；另外，上市櫃較非上市櫃建商，其預售屋價差有五・七％。**面對當前房市景氣明顯不如二〇一四年高峰的情況下，預售屋與成屋的基差也將明顯縮小**，兩者差距愈來愈有限。因此，我們看到目前預售個案減少，先建後售的成屋銷售個案增加；我們也可以從預售個案比例的增減，判斷當前房市景氣好壞狀況。

上述學術實證研究成果，突破過去預售屋價格無法大量估價，達到估計個戶模型的精準度水準，可提供消費者及業者對預售屋價格的了解參考。在不同都市及景氣時機，還都需要進一步檢測模型並進行實證研究，尤其未來若能要求預售屋也必須全面立即實價登錄，就可取得更多的大數據資料，達到更全面實務應用的目的。

面對當前預售屋個戶（非個案平均）價格的不透明，預售屋自動估價模型的建立，也能提供政府未來稽核預售屋價格申報不實的依據，以降低政府稽查成本。顯見未來對房市各種價格的掌握，不論是學術研究、實務應用乃至政府政策，利用大數據及人工智慧模型將是無可避免的趨勢。

有效協助估價的「房地產自動估價模型」

當醫師看診、行車駕駛等都開始受到人工智慧的影響而逐漸被取代，AVM勢將挾其準確、客觀的優勢，讓大家都能接收到更透明的資訊。

由於房地產的異質特性，價格一向不易掌握。然而近年技術創新發展快速，只要應用相關統計數學、類神經網路、人工智慧程式、地理資訊系統等，就可用電腦快速計算出房地產價值，而估價關鍵，就是大量房地產相關成交資料的蒐集。可呈現房地產即時價格的「房地產自動估價模型」（Automatic Valuation Model，簡稱AVM）是在蒐集大量房地產成交資料後，根據所取得的區位、市場狀況和房地產特徵，透過大數據的分析，再以電腦軟體建立經濟數學模型，自動化評估房地產的市場價值。

台灣自二〇一二年八月實施房地產實價登錄制度，雖然仍有一些缺失。但透過實價登錄的大量開放資訊，經過資料清理系統處理，讓AVM在台灣變得成熟可行。如何發展適合台灣房地產特性的精確完善模型技術，增加地理資訊相關圖資，嚴謹清理判別資訊的正確可靠，定期迅速更新修正模型及資料，將是未來AVM能否普遍成為台灣房價的重要參考依據關鍵。

金融機構鑑價的好幫手

AVM除了做為消費者與房地產業者搜尋房價的重要參考之外，更是金融機構做為房屋貸款不動產擔保品鑑價、資產價值定期重估與監控、不動產擔保適足率、投資組合風險管理、加速房貸流程、開發客戶等功能的重要工具，這也是國際上AVM的主要使用目的。透過科學系統化的管理，減少人為的介入與疏失，讓金融機構的不動產及房貸獲得較佳的管理績效。目前國內金融業者在這方面仍在初期研發階段，相較國際金融機構，還有相當改善成長空間。

除此之外，國外AVM在政府部門相關不動產的估價、稅賦、徵收補償與經營管理等均亦扮演重要角色，不但減少政府的人力與行政成本，更能公平且有效率的達成政策目標。欣聞政府正在推動區段地價、基準地估價、公告地價與現值、房地價格指數等的AVM應用研究，期待政府部門能進一步使用AVM，掌握並有效率的經營管理不動產。

不可諱言，有些人對AVM仍抱持懷疑及排斥的態度，認為其不動產估價的精確度仍有不足，特別是對特殊非一般典型的不動產價格，和專業估價師有相當差距。然而隨著科技不斷的創新精進，以及大量資訊的快速更新提供，加上各界的普遍使用，AVM將愈來愈顯現其準確與成效。這就如同醫師看診、律師打官司、到司機駕駛都將受到人工智慧等科技資訊影響而逐漸被取代，似乎無可避免。但**科技與資訊仍有極限，針對少數特殊非典型不動產，仍會需要依靠專業的估價師估價**。

美國安富財金工程公司結合國內不動產與財金、地理資訊等學者，在二〇一五年研發建置國內首座AVM免費公益平台，取名「好時價」，五年多來已獲得數十萬人次消費者的使用與肯定，更有不少金融業者的使用及合作。除每月定期的更新資料與模型修正外，還固定發布好時價房價指數，提供大家了解最新的房市趨勢。

「好時價」網站

【張金鶚教室】

好時價，你最棒的查價好幫手

退休之前，我思考台灣年輕人面對買房壓力沉重，一輩子在研究房地產的我，期待退休後利用自己的專長為台灣年輕人做些什麼，因為「想要有個家」原本應該是人生最基本的幸福，如今卻可能成為綑綁人生自由的束縛。

有一回在一場聚會中與朋友聊到，台灣的房價掌控權始終落在賣方手裡。我的一位美國好友楊太樂博士，他說美國已經實行多年的「大量估價法」，像Zillow網站，運用大數據統計建構出很成功的不動產估價系統，這套系統可以做到減少人為因為素影響房價。對於極力推動居住正義的我來說，退休做公益是我從未停止的理想，於是就本著志工奉獻的心情，義務投入協助「好時價」公益平台的成立。

▼▼實價登錄上路，台灣不動產價格進入新里程碑

在上個世紀，民眾想要買房子，多半都是先到想買屋的地段走走，看社區公布欄的公告，或是從沿路的廣告傳單及看板、報紙來蒐集資訊。

隨著網路的發達，現在民眾只要有購屋需求，幾乎都是先上網或使用購屋App蒐集資訊，目前各大房仲網和租屋、售屋網都提供搜尋服務，只是這類型網站提供的資訊都是自家網站交易訊息，並非是整體市場資訊；至於價格也多半採取賣方開價，而買方只能從賣方開價去「猜測」房子合理的價位帶，沒有實際的標準可供參考。

直到二〇一二年八月起實施實價登錄後，台灣的不動產資訊透明化終於進入新里程碑。但很可惜，目前實價登錄的資料透明度還不夠健全，包括實價登錄2.0仍未能公開區段化門牌位置；更讓人遺憾的是，也未能達到預售屋即時登錄的目標，讓民眾無法快速得知交易資訊。

■目前實價登錄仍存在哪些問題？

目前實價登錄查詢的價格是過去不動產的「歷史交易價格」，而這個「價格」在目前的機制上，可能被故意拉高或降低，民眾必須依照產品個別條件及時間、空間進行調整或分析。

再者，政府實價登錄，仍存在登錄不確實和稽核制度不夠健全等問題，比如難以遏止房價低價卻高報的現象，另外對於車位面積、共有部分面積的登錄方式也不清楚，影響民眾判斷。如何解讀實價登錄裡「備註欄」的違建、改建等等對房價的影響，讓民眾在運用實價登錄的資訊過程中，存在諸多限制與風險。

▼▼好時價——國內第一個即時自動估價系統

成立「好時價」的起心動念之一就是讓台灣房價透明。和一般的房屋租售網站最大不同，在於好時價拆解實價登錄列載的各種資訊，透過大數據運算分析、人工智慧科技、地理資訊系統及精準的定位系統，為有購屋需求的人估算合理的房屋即時價格。

一般房屋租售網揭露的是實價登錄資訊以及賣家開價資訊，「好時價」的大數據運算以及人工智慧可以做到「即時估價」，參考價值更高。

「好時價」如何做到評估不動產的即時價格？好時價選擇運用實價登錄的資料來建立自動估價模型（AVM）。

AVM蒐集大量不動產成交資料後，根據所取得的區位、市場狀況和不動產特徵進行分析，再以電腦軟體建立計量經濟模型，自動化評估不動產市場價值。透過AVM可掌握不動產價格的波動及增加準確性，並降低交易風險。相較於有些不動產業者網站，只提供自家公司的資訊，好時價取用政府實價登錄資料，透過科學方法整理分析，相對嚴謹。

此外，好時價在建立模型之前，會先仔細清理不良資訊。由於實價登錄網的資訊，有三分之一是資料在備註欄註記說明，因此，好時價會先剖析清理乾淨後的實價登錄資訊，並納入時間序列的價格變動因素，才能讓資料跑出來的結果，誤差可以降到最低。

▼今天的房價不等於明天的房價

為了解決實價登錄區段化門牌，以致消費者無法得知真正交易產品位址的問題，「好時價」不僅購買全台灣門牌地址定位大數據，建置全台地理資訊的空間資料，分析出交易點位，加強優化地址定位，此外，也蒐集全台灣的社區大樓資訊，能更方便利用社區名稱檢索。

接下來，好時價的下一步就是建立經濟模型，像是同產品的社區大樓會因為樓層高低不同、鄰里區位、公設等而影響房價，為了協助大家更細緻地掌握房屋附近的鄰里設施及生活機能，好時價將鄰里設施分成八大類，並計算出機能好評分數，讓大家更直觀地了解生活機能狀況。

由於「今天的房價不等於明天的房價」，因此「好時價」每月都會做模型維護，將某些區域的資料樣本數不足區位做調整，以確保價格的即時性。最後，好時價也提供清華安富房價指數，可供消費者參考，做為判斷房價漲跌的參考依據。

清華安富房價指數是由安富財經科技與清華大學安富金融工程研究中心聯合編

撰，參考實價登錄資訊並輔以計量經濟模型，以提供市場清楚了解全台各地房價、交易量變動情形的趨勢。

雖說建立模型與估價是我的專長，但從無到有耗費的心力與時間，其實也不亞於推動台北市的政務。前前後後花了十個月，結集國內外不同領域的專業人士，包括房地產、計量財經、地理資訊及程式設計等，建構符合台灣特性的模型。這中間不斷地精進參數，將大量估價的誤差值減低到國際水準範圍內；為了讓使用者更方便，更花了很大心力在圖資及網站設計上。

經過多年的努力，若與國際水準比較，好時價不但完全符合要求，而且高於國際一般標準。在國際間，針對AVM模型的測試標準常用統計量為平均絕對誤差百分比（Mean Absolute Percentage Error，MAPE），MAPE值若愈接近零，表示估計效果愈佳。一般國際標準，MAPE值要小於十五%才算標準，好時價的MAPE值在九·三%，表現相當優異。

另一種測試標準是命中率（Hit Rate），代表預測價格與實際成交價格的差異關係。舉例來說，利用AVM模型估價的誤差值在一〇%，必須達到四〇%以上的命中率才算合乎標準；誤差在二〇％必須達到七〇％的命中率。然而，好時價誤差在一〇％的命中率就超過了七〇％，誤差在二〇％的命中率高達九〇％以上，對於不動產估價算是相當精準。

「好時價」與實價登錄的差異

比較項目	實價登錄	好時價
時間	提供歷史交易價格	提供「現在」可能的價格（勝）
空間	提供鄰近個案且位址不確定	提供勘估標的正確地址（勝）
產品	產品個別因素調整不易	產品有一致性且科學化調整（勝）
價格	包含非正常交易價格	估算正常交易價格（勝）

▼▼消費者心中對價格有譜，不再賣方說了算

房地產有一物一價的異質特性，但具有估價一致性的好時價，不但能避免傳統估價可能的道德風險，而方便、快速的秒估價法，節省民眾不少時間。現在一般使用者只要註冊「好時價」，使用完全免費，全台各類型住宅建物標的建物皆可進行線上估價，而這套系統也可以提供使用者查詢實價登錄資訊，並可以比較相鄰及相似個案資訊，分析其附近鄰里設施、行情趨勢。

此外，好時價也擁有全台社區資料庫，台灣本島的社區成交狀況都可以查詢得到，並提供各個社區的建材、屋齡、建設公司、戶數等詳細資料與實價登錄成交資訊，而當使用者在使用估價功能時，只要鍵入社區名稱，系統會自動帶入地址、總樓層、屋齡與建物類型等資訊，十分方便！

另一個好用的功能是，網站也提供房貸試算與稅務試算，還可以利用大數據分析全台各區域的房價指數，對個人使用者來說都是免費查詢試算，功能齊全且強大。

房地產有句名言：「沒有賣不掉的房子，只有賣不掉的價錢。」好時價減少房地產

資訊不對等之外，未來價格也不再只是掌握在賣方或業者手裡，一旦購屋人信任自動估價的好時價系統之後，將對房價產生「定錨」作用，心中對價格有譜，打破「賣方說了算」的傳統模式。

大數據分析已是世界潮流，台灣在不動產稅制改革下，已經落後許多先進國家，雖說大數據分析的科學模型並非完美，但至少能有較科學的統計方式，公正、客觀地估算合理而且符合實際的價格，提供初步的參考，對消費者來說是好事一樁。

這幾年我見證好時價的成長，也看到它獲得經濟部工業局「Open Data 創新應用競賽」及亞太電子化成就獎等多項獎項的肯定。更令人高興的是，好時價公益平台至二〇二〇年六月已有近五十萬人次查詢使用，尤其更有許多家金融機構及中央和地方政府相關單位使用好時價並成為商業會員，以進行房貸及政策的運用。目前擔任義務顧問志工的我，希望這個利人利己的好時價公益估價平台能夠更茁壯，同時也期許自己能夠對台灣居住正義的落實推進一大步，這是在我卸任公職後，迎接退休人生階段，發揮一己之長，所做的一份努力。

▼▼用「好時價」查詢即時房價

1. 登入「好時價」網站：www.houseplus.tw。
2. 點選首頁「立即估價」按鈕。
3. 依使用者所欲查詢估價標的相關條件，於欄位點選或輸入資料。

◎選擇所在位置

a. 城市／行政區：依估價標的所在位置選取。

b. 社區：如果知道社區名稱，輸入後會直接帶入「不動產類型」的基本資訊，使用者有需要的話可以再進行微調。

c. 地址：依估價標的所在位置輸入地址（含路、段、號）。

・登入「好時價」主頁

◎**選擇不動產類型**

a. 建物類型：選取公寓、華廈、住宅大樓、透天厝。

b. 屋齡：選取或輸入估價標的屋齡。

c. 總樓層數：選取或輸入估價標的總樓層數。

d. 所在樓層：選取或輸入估價標的所在樓層。

e. 管理有無：選取估價標的有無社區管理組織。

◎**不動產內部配置**

a. 坪數：輸入估價標的之總面積坪數（含附屬建物、公共設施，但不含車位）。

b. 房間數：選取或輸入估價標的房間數。

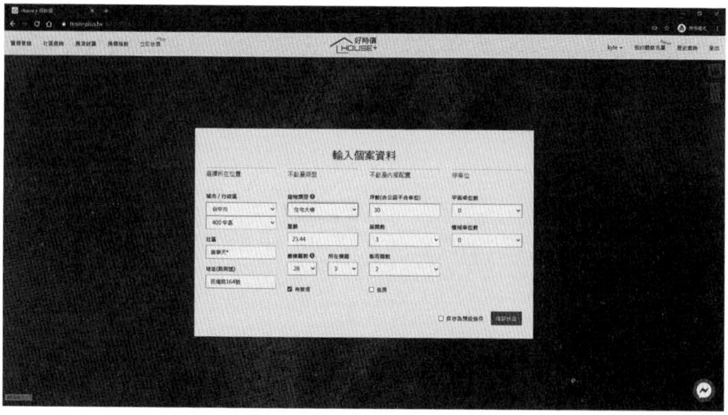

・輸入個案資料

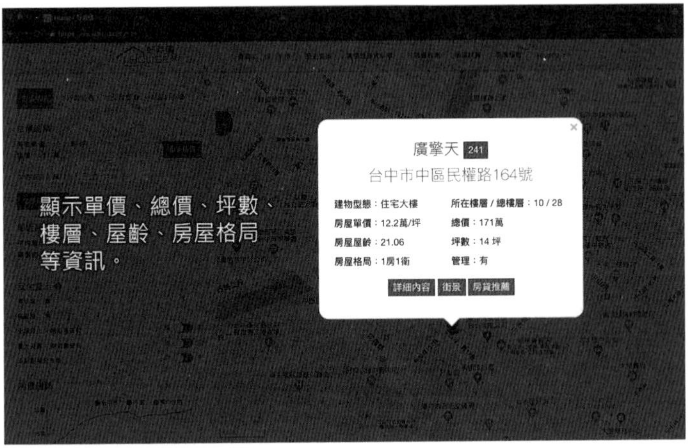

• 查詢即時房價

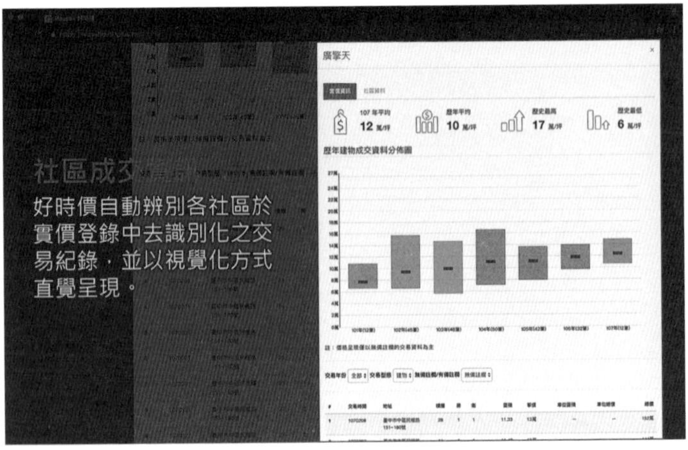

• 查詢社區歷史價格

c. 衛浴數：選取或輸入估價標的房衛浴數，可以半套。

◎停車位

a. 選取平面或機械車位個數。

4. 按下確認，即可出現標的物目前可能房價。

根據估價結果，可以評估建物價格與車位價格，同時會顯示該標的物是否為海砂屋、輻射屋，所在地的土壤液化狀況、是否曾發生過重大災害，以及活動斷層分布圖預覽功能。

除了估價結果外，還可以查詢鄰近房屋的歷史成交資訊、相似房屋的歷史價格，以及周邊鄰里設施的評分等，方便使

‧鄰近相似房屋交易紀錄
※安富財經科技提供

用者做評估。

▼▼「好時價」的進階應用

相較於傳統估價方法，如成本法、收益法、比較法等，前兩項的估價方法並不如比較法來得精準，但比較法須耗時耗力。接近真實價格的好時價自動估價公益平台，雖然客觀公正，速度快，但維護資訊系統的成本高。

AVM模型估價在實務上除了一般消費者之外，政府、金融機構、房地產業者都有使用的必要及相關應用。「好時價」除了提供民眾購屋時的公正參考資訊外，還有很多進階的妙用：

1、**政府部門**：「好時價」可以做為稅基評價及地價估算，減少人員負擔；另外也可以協助政府查核實價登錄記載的真實性。

2、**金融機構**：目前好時價已建立一套完整線上估價模式，對金融機構來說，只要成為「好時價」的商業會員，不僅可以用行動支持「好時價」公益平台，最主要是可以快速獲取公正客觀的房價資訊，減少人為道德風險，也可以取得銀行徵授信時需要的統計報表，未來還可以連結線上核貸系統（AUS），減少操作上的成本，為銀行增加新客戶。

此外，好時價可針對金融機構客置化需求，對銀行資產整批重新估價，隨時監控不動產擔保適足率，降低違約風險。

3、**房仲建商**：實價登錄上路後，房仲業者會參考實價登錄的資訊與賣買方溝通合理的房價區間，「好時價」呈現的價格資訊客觀透明，對房仲業者而言，更有利於協調賣買雙方的議價空間，以增進房市交易的公平與效率。

「好時價」除了採用實價登錄的資料進行分析外，目前也與「國泰建設公司」合作，導入預售屋新推個案的相關資料，讓「好時價」公益平台有更多元、公開、透明的資訊，協助使用者做最正確的房價評估。

4、**個人用戶**：「好時價」因為可以即時估價，對於資料庫與模型的維護更新投入很大的成本。**目前每個月最後一週的星期四會更新，使用者可以透過每個月查詢同一標的、同個社區來觀看價格的變化與趨勢，或是透過搜尋鄰近房屋，參考系統推薦的相似房屋來做比較。**使用者也可以把理想中的房屋列入「我的觀察名單」，進行長期的追蹤、比較。

「好時價」的房價指數變動，也是使用者值得參考的數據，對購屋者來說，**小區域的房價指數變化比大區域的房價指數來得有意義。**例如，我比較想了解文山區的房價指數變化，勝過整個台北市的房價指數，就可以長期追蹤。「好時價」採用「類重複交易法」來分析房價指數，目前最小可以做到行政區，最短可以做到月指數，以便更細緻且即時掌握房價趨勢。

實坪制公設不計價適當嗎？

房屋除了面積，還有格局、方位、景觀、設施及區位大小環境，消費者不宜只關心面積單價，而忽略房屋的居住品質與效用。

二〇一七年，一些民眾在國發會公共政策網路平台發起「房屋買賣實坪制公設不計價」連署活動，並得到超過五千人附議，到底公設不計價與否對購屋者、房價、居住品質及建商銷售有什麼影響？

原本房屋買賣只應標明房屋總價，也就是買賣雙方最終要付出或收取的費用。然而，因為台灣的房價太高，消費者關心不同房屋的價格比較，為能產生相同的比較基礎，單價（總價除以面積）即受到消費者重視。這與國外或學術界一般只關心居住品質與效用所形成的總價有相當差別。

因為單價受到重視，相對如何計算房屋面積即成為關注焦點。而我們房屋面積又採政府登記制度，因此政府如何登記房屋面積與實價登錄價格，以及建商會如何增加登記面積與計算單價銷售，變成社會爭議的問題。

目前**政府房屋登記面積，分成主建物（室內）、附屬建物（陽台）及共用（公設）三部分**，分別登記面積，前二者屬於個別住戶專有，後者則屬社區住戶共有。如今連署即主張共用公設部分為「虛坪」，不應計價。

小心建商用來降低面積單價的各種花招

房屋的室內空間、附屬空間、社區公設乃至停車空間，對住戶產生不同的使用效用，其價值也應有所不同。就住戶觀點，顯然公設空間效用低於室內空間，因此公設價值應該較低，但不至於完全沒有價值。

目前將公設面積與室內面積同等計價，如同過去將停車面積與室內面積同等計價方式般，扭曲不同效用卻相同計價的不當，均是建商試圖藉此降低房屋面積單價，進而想辦法提升公設面積，獲取更多利益的銷售行為，也引發了此次的連署活動。

但如今若將社區公設面積登記，卻完全不能計價，建商只好將其轉嫁提升至室內面積單價，這與原本應有的室內使用效用價值不符，如此反向過度扭曲公設效用完全不值錢的結果，將誤導造成每坪房價的提升，也使建商將盡量減少社區公設面積，以降低房屋成本，其結果將降低社區居住品質。

正本清源，在確保資訊透明、公平買賣交易、保障消費者、尊重市場機制下，**房屋買賣應詳實附圖提供政府登記的室內面積，附屬面積、公設面積、停車面積，且應分別計價**。如同目前停車位，多已經分開登記，分開計價，包括政府的實價登錄資訊。這樣可使房屋買賣的資訊更清楚透明，有利消費者的選擇判斷，讓業者把自己的訂價策略說清楚，最終也不會影響社區公設與居住品質。

最後**建議消費者還是應該關心房屋總價**，所包含房屋所有相關的各種面積、格局、方位、景觀、設施設備，及區位大小環境，**不宜只關心房屋單價，而忽略房屋的居住品質與效用**。

房屋公設分離計價可比照停車位

目前停車位「分離計價」的模式與經驗，非常值得參考，只要經過市場機制的調整，公設的品質與大小也可以有不同價格。

實價登錄網站在二〇一九年新增功能，提供計算「主建物面積」（不包含陽台、花台等附屬建物）的「淨坪價」，經過媒體大幅報導，引發社會各界擔心房價瞬間膨風的疑慮。過去國內長期房屋「單價」的計算方式，習慣將房屋「總價」除以「室內專有面積」（主建物加附屬建物）及「公設共用面積」，即一般習稱「虛坪計價」。但由於近年來高房價加上高公設比，使得消費者認為業者有意虛灌公設，以便提升總價、降低單價，因此主張公設面積不應計價，也就是所謂的「實坪計價」。

房屋買賣原本應以總價為主要考量或比較依據才是，消費者只要認清總價包含有多少坪的主建物、附屬建物、公共設施及停車位即可，單價僅供參考。然而，因為房屋每間不同（不只各種面積坪數，還包括區位、方位、樓層、景觀等都不完全相同，學界稱為「異質產品」），因此傳統房價除總價考量外，多會要計算單價，如此較容易進行比較選擇。這和電腦、手機等雖有不同品牌，但多為同質產品只需考慮總價有明顯差異。因此，釐清房屋的專有面積、公設面積及停車位大小便很重要，如此才能適當計算房屋單價。

停車位目前多採分離計價

過去國內業者為降低房屋單價，通常會將車位面積併入總價計算，後來大家都認為這樣明顯灌水，如此比較單價不合理，因此，目前大部分業者都已將停車位分離計價，消費者也都認同且合理。唯目前實價登錄網站資料有些價格登錄仍然混亂，缺乏明確規範，導致目前實價登錄的單價計算中，有些包括停車位，有些卻無，造成許多困擾。

當前有關虛坪計價和實坪計價乃至淨坪計價，也都有類似停車位計價經驗可供釐清。目前「虛坪計價」將公設「共用」面積等同室內「專有」面積的價格，兩者對消費者的「效用」顯然不同，如此相同計價就如同過去停車位計價方式，明顯灌水不合理。反之，當前主張「實坪計價」卻將公設面積完全不予計價，否定消費者必須使用公設的「效用」，這樣如同將停車位不予計價，也明顯不合理。更何況公設面積涉及社區居住品質，若是公設不予計價，勢必影響社區品質，結果對消費者反而不利。而「淨坪計價」則更進一步將室內專有的附屬建物面積不予計價，更加明顯不合理，完全違反消費者的「效用計價」原則，理論與實務均不易被接受。

解決上述三種不同計價爭議，顯然目前停車位「分離計價」的模式與經驗，非常值得參考，尤其這有效用理論依據，也有實務操作經驗，業者和消費者也都認同合理。至於公設面積應如何分離計價？業者和消費者會透過各自的成本與效用，經過市場機制的不斷調整，公設品質水準與面積大小也會如同停車位般自然產生價格。

公設面積價格可抓三成左右

學術界根據特徵價格理論方法，透過適當大樣本的實證分析，可以相當準確合理的分離出公設面積價格，這理論方法在國內外已相當成熟，且有許多經驗與成果可供參考。

我和江穎慧教授和王怡文研究生經過二年長期研究，利用二〇一二到一七年間，十九棟不同社區集合住宅大樓，一千一百五十九筆實價登錄資料，再透過建物登記謄本與建物測量成果圖，釐清每筆房屋的專有面積、公設面積及停車位大小等相關詳細資料，再建立特徵價格模型進行實證分析。實證結果得到**分離計價每坪住宅公設面積占室內專有面積的價格比重約為三成**，消費者及業者可以參考。

在政府的實價登錄網站設計上，會建議將房屋的室內專有面積、公設共用面積和停車面積三者分離登記清楚，讓面積資訊透明為首要工作。其次，既然停車位可以單獨計價，公設當然可以根據不同效用提供價格。比照停車位單獨分離登錄價格的機制與經驗，讓買賣雙方或業者自行拆分並登錄公設面積價格。若採這樣的折衷分離計價方案，將可以避免虛坪計價與實坪計價，甚至淨坪計價各方極端不合理的爭議。

便利商店對房價的影響

便利商店的設置與密度，在高房價與低房價社區的影響各有不同，在邁入高齡化社會的台灣，便利商店不妨多設置於老人較多的社區。

便利商店於一九三〇年在美國發源，有許多附有加油站、停車位，以方便顧客，並於一九四六年將營業時間延長為早上七點到晚上十一點，所以將商店命名為7-11。後來於一九六九年在日本也開始創立，在亞洲人口密集都市快速發展，開發多樣服務，並提供二十四小時經營。而台灣在一九七九年引進，跟隨著日本發展模式，並提供更多樣化的服務，除提供鮮食、報章雜誌外，還包括電子商務、型錄販售、商品預購、金融代收等，十分周全便利，完全取代早期傳統的雜貨店。

雖然便利商店提供周遭住戶許多正面的方便購物或服務，但也產生一些負面的不良嘈雜環境，包括交通停車及對夜晚寧靜的干擾，尤其深夜叮噹的進出門聲，甚至發生超商搶劫鬧事等犯罪行為。因此，對於台灣如此普遍密集的便利商店，到底對鄰近的房價會產生何種影響？對不同高低房價的影響程度大小又如何？尤其當鄰近區域的便利商店超過二家以上，是否會產生加乘的正面或負面的房價影響？

低房價住戶偏好便利商店的正面影響

江穎慧教授、彭蒂菁教授和我在二〇一五年於著名的國際學術期刊《Habitat International》發表〈台北都會區便利商店對房價的非線性影響〉論文，試圖回答上述大家關心的三個問題。本研究利用二〇〇九年銀行去識別化後台北及新北的貸款合約成交價（當時還沒有實價登錄制度），及其相關房屋面積、屋齡、樓層等特徵，並透過地理資訊系統蒐集鄰近捷運、學校、醫院、銀行及嫌惡設施等環境特徵，以及鄰近一百公尺內是否有無便利商店和一百公尺內有無超過二家以上的便利商店等相關資料，總共取得一七二一五筆有效樣本進行實證研究。

我們首先利用傳統一般迴歸模型，發現不論一百公尺範圍內有無或二家以上便利商店，對鄰近房價均沒有顯著影響，猜想或許是因為全部樣本正負影響相互抵消所致。

因此，我們進一步透過分量迴歸模型，將房價水準分成一〇%到九〇%等九種高低房價，發現有趣的不同結果。在一百公尺內有無便利商店只對一〇%～四〇%較低房價水準者有正面影響，且逐漸隨房價增加而減小，約有一．二一%～〇．九%的溢價；而超過五〇％以上房價則無顯著影響。**顯示房價較低者，較偏好便利商店帶來的正面效益，而中高房價住戶，或許因購物有更多樣方式的選擇，便利商店並未特別產生影響**。

另外，在一百公尺內有超過二家以上的便利商店，只對一〇％低房價有正面影響，約有一．七％的溢價；而對二〇～五〇％中房價沒有顯著影響；但對六〇％～九〇％高房價卻有顯著的負面影響，其影響程度隨房價提升而愈加嫌惡，約有二．一％～五．五％的折價。此結果顯示，**低房價住戶偏好聚集多家便利商店所產生的加乘正面影響，而高房價住戶卻嫌惡多家便利商店所產生的加乘負面影響**。

此研究顯示因為便利商店的普遍密集，加上有正負面雙重影響，其對房價的影響有限。另外，便利商店建議應可多設置於較低房價地區，不但較受到住戶偏好，也可提升其鄰近房價水準；反之，不宜在高房價地區增設便利商店，如此可能形成嫌惡設施，降低其鄰近房價，有意購屋者不妨參考。

最後考慮台灣已邁入高齡化社會，建議便利商店應多設置於老人較多社區，提供老人需要的產品，同時結合政府相關單位，提供老人相關服務，以提升老人的生活環境品質。

UBike場站是否會影響周遭房價？

研究顯示，UBike場站的確被消費者喜愛，
台北市UBike場站對房價的影響約為四百公尺，受到低房價消費者青睞。

大眾公共運輸和分享經濟等綠色交通愈來愈受重視，其中公共自行車系統（YouBike，微笑單車，簡稱UBike）近年來在台灣大量興起，對環境友善的交通特質，提供接駁、轉乘用途，不僅提升大眾運輸服務範圍及熱門商圈發展，而且兼具運動與觀光休閒功能，促進一般市民乃至觀光客的廣泛使用。如此多重功能的UBike場站設置，是否也會像過去捷運場站的設置，受到社會大眾的喜愛，進而影響其周遭鄰近的房價？影響範圍多大？幅度又是多少？而不同類型的場站因使用效率差異，對房價影響是否不同？位於不同地區、需求不同的場站，是否會產生差異？

江穎慧教授、莊喻婷和我在二〇一七年於《運輸計劃季刊》發表〈台北市公共自行車場站對鄰近住宅價格之影響〉研究成果，試圖回答上述大家關心的四個問題。本研究透過實價登錄二〇一二～一五年上萬筆大數據房價資料，建立房價的空間（非傳

統）迴歸模型，而此空間經濟計量的實證模型，同時控制了房屋產品（包括房屋面積、屋齡、樓層、建物類型等）特徵、區位（包括市區、市郊、及距市中心距離等）特徵、鄰近公共設施（包括捷運站、醫院、公園、學校及鄰避設施等）特徵及時間趨勢與景氣季節等因素，在避免房價受到上述因素的影響下，分析台北市二百一十二個UBike場站周遭四百公尺內、外房價差異，得到的結論是：有UBike場站者大約有六％溢價幅度。由於這個溢價幅度已排除上述所有可能影響房價（包括捷運站在內）因素所得到的結果，顯示UBike場站受到消費者的喜好。

日常通勤場站的溢價幅度略高於非日常通勤

我們先是利用迴歸方法，將場站一公里內每一百公尺分成十區範圍，發現四百公尺範圍內的距離係數，對房價的影響為負向顯著且最大。另外參考交通局問卷調查，受訪者使用UBike的步行時間多在五分鐘以內，換算步行距離約在三百五十至四百公尺左右。因此可以說，**台北市UBike場站對房價影響範圍約為四百公尺左右**。

不僅如此，本研究更進一步分析UBike場站對不同高低房價水準的影響，結果顯示場站的溢價幅度在低房價地區影響最大，隨著房價的提升，溢價幅度反而隨之下降，顯示低房價地區使用UBike的效率較高。這並非高房價精華區才設UBike場站，也不是因為在高房價精華地區才對UBike場站產生溢價的結果，而是因為有UBike場站後，其使用效率較高所致，這是效用理論的必然結果，並沒有所謂倒果為因的問題。

我們將場站分成日常通勤場站和非日常通勤場站二類，發現約五二％的日常通勤場站（此即有不少為捷運轉乘）和另外約四八％的非日常通勤場站（此多為觀光休閒），兩種類型場站對房價影響差異，得到的結論是前者高於後者約三％的溢價幅度，顯示日常使用UBike的效用較高。這結果也明顯說明，UBike場站的溢價雖受日常通勤使用影響較大，但並非完全受捷運場站所影響。

最後我們透過房價的分量迴歸模型，將房價水準分成一〇％～九〇％五種高低分量，檢視UBike場站分別對不同房價水準的影響。實證結果發現這五個鄰近場站的係數都呈現正向且都顯著，更有意思的是，該影響係數為最低一〇％的房價者分量最大，隨著房價的提升，其影響係數逐漸降低，到最高九〇％的房價分量最小。若同樣以二千五百萬元房價試算，**高低房價分量受到場站影響價格差距約九十萬元**，換言之，**UBike場站對低房價的房屋價格影響較大，較受到低房價消費者喜好**。

土壤液化潛勢區該如何看？

民眾多半是健忘的，政府除了應加強危老房屋整建或重建外，也應規範房屋交易必須揭示土壤液化潛勢風險，才能保障民眾的居住安全。

二〇一六年二月二十六日的美濃大地震，使國人開始意識到土壤液化對於居住安全的威脅，其後，政府公布了八個縣市的土壤液化潛勢區查詢系統，將土地劃分為高、中、低三等級潛勢區，喚起大眾對土壤液化對居住安全的潛在風險。

雖然站在資訊透明的立場，政府責無旁貸，不過此舉卻引發部分居民對公布土壤液地區是否會影響房價下跌的疑慮？但另一方面，由於建築設計與技術不難克服土壤液化問題，而且土壤液化的嚴重程度高低不一，土壤液化是否會對房價產生影響值得商榷，加上資訊公布後一段時間後，是否也會產生資訊疲乏現並逐漸不再影響房價？

依據中央地質調查所報告，高潛勢區在強烈地震發生時，較可能出現明顯的液化現象，對建物會產生嚴重的影響；而中、低潛勢區僅可能發生輕微的損害，中短期內並無需太多顧慮。另外，根據營建署報告顯示，只要符合相關地下室、地基構造，以及是在九二一大地震後所設計建造的房屋，即便坐落在高潛勢區，也無需太過憂慮。

呂哲源、江穎慧教授和我於二〇一九年在《都市與計劃》發表研究成果〈土壤液化潛勢區公布對房價之影響〉，試圖回答並釐清上述問題。本研究採二〇一五年三月至二〇一七年二月的台北市不動產實價登錄交易資料，共七千多筆成交樣本。

災害資訊易隨時間淡化

我們以政府公布土壤液化資訊時間（二〇一六年三月）為事件分界點，透過差異中的差異法（difference-in-differences, DID）比較分析政府資訊公布前後對不同潛勢區房價的影響差異，並利用地理資訊系統結合空間資訊與計量經濟方法，控制建物屬性（如建物類型、總樓層、所在樓層、屋齡、面積等）、區位特徵（如行政區、捷運站、學校、與市中心距離等）、再考量九二一地震前後法令修改前後建築等因素，比較高、中、低潛勢區和非潛勢區的房價影響幅度差異。

我們先用傳統迴歸模型來做研究，結果顯示在公布前後不論高、中、低潛勢程度地區，或建物類型與法令修改前後等因素，坐落在土壤液化潛勢區內與非潛勢區的房價，彼此並且無顯著差異，這結果可能是因為研究方法不夠嚴謹細緻所致。接著，我們利用一般DID方法，實證顯示只有高潛勢區在公布前後有呈現顯著的負向影響房價，其房屋總價相較其他地區下降約二．六三％。

進一步用更嚴謹細緻的DID調整相同樣本配對法，以減少實驗組和對照組樣本偏差後，實證結果顯示，公布前後也是只有高潛勢區呈現更顯著的負向影響，但其影響程度較前述一般DID法，房價下降幅度增加約為三．三四％，若以平均樣本二千五百萬的房價估算，約減少八十三萬元。

最後再將交易樣本分為資訊公布半年內及半年至一年間，比較兩階段高潛勢區房價影響差異，結果顯示**只有前半年對房價有顯著降價影響**，降幅約四．五四％，約一百一十三萬元；**半年之後，因產生資訊疲乏效果，其影響程度呈現不顯著**。

顯然，災害資訊揭露，對高潛勢區房價是會產生影響的，然其主要發生在液化相對嚴重、且多位在台北市中心老舊住宅聚集的高潛勢地區，並未造成整體性的市場衝擊。但此影響在半年後便開始出現淡化現象，反映出住戶並沒有持續重視居住安全。

建議政府除公布資訊外，應有相關配套措施。除落實房屋安全檢測，加強危老房屋整建或重建外，應規範房屋交易必須揭示土壤液化潛勢風險，並告知「建物安全檢查」結果，才能真的保障民眾居住安全。

高雄氣爆對周遭房價的影響

氣爆發生後，隨著時間過去，反而會出現顯著產生拉抬房價的正向效果，但若政府的改善措施相對緩慢，就會拉長災害陰影效應對房價產生負向影響。

二〇一四年七月底，高雄前鎮及苓雅區陸續發生多起氣爆事件，除了造成不少人員的傷亡外，也造成大面積的道路崩塌及房屋毀損。然而在高雄市政府與民間快速全力搶修下，於該年底時已大致恢復市容，同時也有數個老舊建築社區趁勢進行更新重建與建物的拉皮整建維護。

在如此災害衝擊及其整建復甦過程，災害地區周遭的房價是否受到嚴重的負面影響？抑或這些負面衝擊只是短暫過程，反而因災後快速大量重建資源的投入，讓環境改善，使得周遭房價產生正面影響？而此災害後重建過程影響持續的時間會有多久？特別災害復甦是否會對不同高低房價水準的房屋產生不同的影響？政府災害重建的效率與改善效益又如何？

綜合過去國內外相關研究，災害發生會對周遭地區房價產生「災害陰影效應」的負向影響，但將隨時間而逐漸降低；然而過去研究較少探討災害後，由於公共資源大量投入，改善環境所產生對周遭房價「更新效應」的正向影響，而此正向效應是否會隨時間而逐漸顯現？如此正負影響所得到的「淨效果」又為何？

徐士勛教授、陳琮仁、林士淵教授和我在二〇一九年三月中研院的《經濟論文》發表研究成果〈高雄氣爆後的房價被市場暴棄了？〉，試圖回答上述大家所關心的問題。本研究選取氣爆區內外一千公尺及氣爆前一年至後二年實價登錄交易資料共二六二四筆為主要分析樣本。

我們透過地理資訊系統結合空間資訊與經濟計量方法，控制房屋屬性（如屋齡、面積、房間數等）、區位特徵（如捷運站距離、行政區等），利用DID分析氣爆事件對氣爆區內房價的正負影響淨效果幅度與變化趨勢。

我們主要針對房屋交易價格進行逐季變動趨勢分析，其中實驗組為「氣爆後兩年內氣爆區」三四四筆房屋交易，而對照組為非上述的不同時空範圍房屋交易資訊，根據DID分析模型比較各種不同時空氣爆影響房價差異。

實證結果顯示，「災害陰影效應」對整體房價的負向影響在氣爆後九個月內並沒有顯著高於「更新效應」的正向影響；相對地，氣爆九個月後正負兩效應的「淨效果」，

隨氣爆時間經過，反而較可能顯著產生拉抬房價的正向效果。

另外，我們透過房價的分量迴歸模型分析，顯示**高房價較低房價房屋更受惠於更新淨效果約多五%以上**；而且高房價房屋會更早在氣爆三個月後就顯著受益於「更新效應」的抬價效果，而低房價房屋則遲至氣爆後九個月才呈現此正向效果。顯示買高房價的消費者更樂觀看待氣爆地區更新效應所帶來的正向效果，也反映其對環境品質改善的需求較為積極。

我們進一步根據高雄市府公布氣爆後二年內所投入周遭環境改善及更新建物修繕等經費，得到總投入僅約三億八千萬元；而根據我們研究氣爆區內已交易的三四四戶房屋為基礎，推算全部氣爆區的房價更新效應所得到的正向淨效果卻高達五十九億九千萬元。即便保守推估，僅有十分之一的房屋受惠於氣爆後的復健更新與環境優化等措施，也有五億九千萬元的更新淨效果，其金額仍遠大於政府所投入的總經費。顯示政府快速投入資源全力改善災害地區，其所得到的效益非常值得。

相較於九二一震災後，政府改善措施相對緩慢，進而拉長了災害陰影效應對於房價的負向影響，顯示政府應積極、有效率的處理災害重建，才能產生正向效益。

社會住宅是否會影響周圍房價？

公營出租住宅的設置，其實可以改善低價住宅的環境，提升周遭低價住宅的房價，政府應透過有公信力的研究成果，加強對民眾的宣導，達到三贏局面。

二〇一七年，信義區六張犁營區（陸軍保養廠）基地周圍，在舉辦第二場興建社會住宅公聽會前夕，出現了抗議白布條及噴漆。從二〇一六年起，台北市政府陸續辦理的多處基地公聽會暨說明會上，亦常出現民眾到場抗議，甚至以撒冥紙方式，表達對社會住宅設置的不滿情緒。

政府近年積極規劃並興辦多處社會住宅，提供無力於住宅市場覓得適居住所者中租。然因民眾對既往國民住宅存有設計與興建品質不佳、管理維護不良、弱勢者過度集中、無法脫貧進而造成犯罪率提高及環境髒亂等負面印象；甚至只是民眾對過去國宅的刻板印象、歧視、意識型態及對政府不信任等因素，導致基地選址過程中，周圍居民反彈聲浪不絕於耳，認為社會住宅的設置會對當地治安、交通、生活造成衝擊，進而造成周圍房價下跌的標籤化問題。

究竟公共住宅是否會對周圍住宅價格造成負向影響？二〇一五年我與江穎慧教授及黃怡潔研究生，針對台北市「整建住宅、出售國宅、出租國宅、公營出租住宅」等四種類型，不同時期及特性的一百四十二個公共住宅個案進行實證分析，透過近年來一萬六千多筆實價登錄的房價成交資料，分別探討上述公宅對其不同影響範圍房價的影響效果，以及對周圍不同高低房價住宅影響程度的差異，於二〇一七年發表在《都市與計劃》期刊上。

該研究成果顯示，近期興辦的公營出租住宅與早期整宅和國宅不同，**周圍有公營出租住宅的住宅總價，相較於周圍無公營出租住宅者明顯上漲一・七至七・七％，約三十八萬元至一百七十四萬元**，顯示公營出租住宅非但不是鄰避設施，反而能顯著提升周圍房價，且**距離公營出租住宅愈近者，所受到的正面房價影響愈大**。另外，公營出租住宅的設置，明顯改善低價住宅原本較為窳陋的生活環境品質，進而較大幅的提升周圍低價住宅房價。

公共住宅不再等同貧民窟

近年興辦的公營出租住宅不但屋齡較新，且積極改善過往容易產生負面的外部特性，除了採取社會隔離程度較低的混居規畫，使弱勢族群未過度集中外，建築品質及管理維護的制度皆具較佳水準，並同時考量鄰里環境及交通等相關配置情形，進行都市設計及建築物景觀造型色彩規畫，不但能減輕公宅對當地所造成的衝擊，亦補強並改善了原本鄰里社區環境的不足。

政府應對民眾加強宣導，目前積極推動的社會住宅具備良好的品質，透過學術嚴謹的實證研究成果，釐清政府的新蓋公宅非但不會造成周圍房價減損，反而能顯著提升，藉以消弭既往公共住宅被民眾貼上貧民窟標籤的窠臼，減少社會爭議。這樣不但可以降低政府推動社會住宅時的阻力與執行成本，達到政府、社宅住戶及附近居民三贏的局面。

房價指數知多少？

了解房價指數，可以幫助釐清各地區不同類型房價的漲跌及趨勢，讓我們在尋覓合適房子時，對於合理價格有個定見，不被市場牽著走。

對於有意買房或租房的人來說，雖然如前面所說的，需求和品質應該是我們必須先考慮的，但畢竟大家都會想要盡量避免買在最高點，對於提早規劃居房需求的人來說，會特別注意房產市場的變動，尤其對房價的漲跌更是關注。

以往房價漲跌的資訊多半來自各家房仲業者、代銷公司和建設公司，近年來還包括政府的實價登錄，由於各方的房價訊息不一，加上不同的衡量方法，導致大家看到房價漲跌的方向與幅度經常是不一致的。

房子某個層面就像人，沒有兩個房子真的完全一模一樣的，就算格局、坪數、家具都一樣，樓層、朝向、景觀、管理及維護等細節也必然有所差異，可說是一個異質性很大大的產品，這是和一般商品最大的差異。好的住房產品必須要先控制好品質，才能談價格的變動。**僅是透過房價平均數或中位數的變動，並不能正確說明房價的高**

低，若想深入了解漲跌，就必須透過品質控制模型，才能釐清房價的漲跌變化。

善用各類房價指數，掌握房市動態

除了當下房價的漲跌，很多人也很關心未來房價的走向，**透過房價指數的建立，可以幫助掌握未來房價的波動**。而房價資料數量品質和分析模型方法的好壞，是房價指數能否正確掌握房市動態的關鍵。

目前台灣定期公布的房價指數共有五種，包括一九九二年迄今的預售屋和新成屋新推個案「國泰房價指數」，以及一九九一年迄今的中古屋交易個戶「信義房價指數」。除此之外，利用二〇一二年八月實施的實價登錄房價資料，中央和地方政府分別建立「內政部房價指數」和「台北市房價指數」，同時民間的安富財金公司也是利用實價登錄資料，建立「好時價房價指數」。

上述除國泰指數為新推房屋個案，有其特殊意義，無法和其他指數相提並論外，其餘四個指數均為中古屋房價。其中信義指數使用信義房屋的成交資料，缺點是樣本不足，僅實價登錄的五％，但優點是資料長期且及時。台北市與內政部指數差異是前者為月指數，有類型及行政分區，較為細緻；而後者為季指數，有六都及全國指數，較為全面。好時價指數不但為月指數，且涵蓋全國各縣市及其行政分區，最為細緻且全面。只是受限於實價登錄約有三個月的時間落差，以及僅有六年的短期房價資料，是後三者指數的共同缺點。

房價指數除了資料差異與限制外，個別指數的研究方法亦有差別。信義指數在二〇〇六年以前，使用的模型方法有其缺失與困境，其指數結果並不符合房價應有的趨勢。雖然近年信義指數的方法已有修正，但受限於資料樣本不足，其房價指數明顯偏低且波動較大。至於內政部早期和台北市模型方法均為傳統「特徵價格」，其指數也是波動較大；相較好時價利用自動估價模型，建立「類重複交易價格」，減少特徵價格的可能偏誤，其指數結果波動較小且為平穩，較符合中古屋房價月指數小幅變動的市場實務經驗。樂見最近內政部已委託安富採用「好時價房價指數」以為精進。

房價指數可以釐清各地區類型房價的漲跌及趨勢狀況，透過資料正確性、及時性、長期性，地區的完整性、細緻性，方法的嚴謹性、驗證性的不斷改進，可讓房價指數更為準確。**當我們衡量房屋的價格和購買時機時，可以多留意房價指數的變動，幫助建立價格的「定錨」效果**。

【張金鶚教室】

心中沒有尺，就不要入市場

日前在清華大學授課，下課後陳同學私下詢問：「老師，某某房子看起來地點、區位都很棒，是不是可以買？」另一個王同學問：「最近全球國家進入無限QE（量化寬鬆），是不是更要趕緊買房子？」面對類似「要不要買屋」的問題時，我都會問學生有沒有想過七件事，建立好自己的「心中之尺」？

▼▼「心中之尺」建構在七個小步驟上

我想強調，購屋人心中若沒有建立一把尺，千萬不要輕易進市場；再者，進入市場之後，更要懂得用心中之尺衡量市場的利弊得失，否則很容易被市場之尺影響而做出錯誤決策，影響一輩子。

第一，**請發掘自己的「心中之尺」**。因為心中之尺是期待家人共度美好生活的想望，找到家人間的最大公約數。

「但是要怎麼找到『心中之尺』呢？」從沒有買過房子的陳同學，以及看得出很想從房地產賺錢的王同學繼續追問著。

我請兩位同學回憶從小至今曾經住過幾間房子（包含租屋），並寫下印象中每間房子的優缺點，透過「書寫」與「記錄」的方法，慢慢了解自己對居住的喜好。而這個看似不起眼的小動作，卻可以分析出每一個人對房子的主、客觀想法。

梳理完自己「過去」的居住史，接下來，他們還要做出「未來」可能居住史的功課。我要求他們寫下自己對未來的居住期待，透過記錄「過去到現在」以及「現在到未來」的居住感受與期待，再與想要購買的房子進行交叉比對，得到是否購屋的決策判斷。

當然，除單身族之外，對於頂客族、夾心族或三代同堂等，請每位家庭成員都做出居住史的功課，如此才能釐清並綜合整理出家庭各成員的居住偏好。

隔週，陳同學很開心拿出自己的居住史，他說：「從小到大，為了省租金一家四口搬了三次屋，每間房子不是頂樓加蓋就是地下室空間，因此家人很期待能夠有一間

『有天有地』的透天厝。」陳同學很明確地說。

王同學則認為：「現在全球進入無限ＱＥ，資金浪潮不可擋，資產組合裡要有房地產的配置。」他認為買房子要看時機，更要把握難得的好機會，「我想用自備款賺到房地產的第一桶金。」看得出來，王同學的購屋哲學是以投資賺錢為主。

不管是哪一位，在他們的購屋決策裡，都隱含著「購屋哲學」，這當中指的是了解期待中的房子，投資與消費比重各占多少？比如陳同學買屋自住，他的消費比重或許就是七成、投資占三成；而王同學則是以投資為主，投資與消費的比重或許是八比二。購屋是投資或自住沒有誰對誰錯，只要在做決策前，先建立好心中之尺就沒錯。

第二，了解建商業者的「市場之尺」。這個概念類似市場趨勢分析的行銷包裝，它很可能是一個未來想像的短期題材，比如新興重劃區概念、交通建設、都更題材等。

第三，明白購屋的五大元素：時機、區位、管理、價格及產品的優先順序。以我個人來說，這五大元素順位依序是：產品、管理、區位、價格及時機；當然上述五大元素，會因人而異，像陳同學重產品、王同學重時機，而我則是對社區管理品質要求很高，因為我買房子是以自住為主。好的社區管理可以維持房價，同時也能住得安心又放心。

因為每個人對五大元素的優先順序並不同，所以家庭成員在討論購屋決策（目的）時，必然會碰到「衝突與選擇」。最後，當家庭成員面對類似的衝突時，可以透過回憶居住史、爬梳未來居住期待，建立自己對居住與投資的「價值觀」及「妥協程度」，在面對成員間需求相互衝突時，透過討論才能確認最終的購屋決策（目的）。

■小提醒：「熟悉」也很重要

除了五大元素之外，「熟悉」也是購屋決策很重要的原則。想一想連股神巴菲特都說：「不熟悉的東西不要碰。」一般民眾在投入一生的心血時，購買一生最貴的房地產沒有必要冒險，因為房地產異質性很高，對於陌生的區位（如海外房產）、特殊的產品（如地上權或法拍屋）等，最好抱持保留心態。

第四，對自身財務能力的分析。指的是個人（或家庭）的現金流是否為正數。問問自己是否已經有相當的存款，且掌握自己的收入與支出，在每月可支配所得，是否足以再增加一份房貸支出，甚至更長遠思考，主要經濟收入來源的工作成長性。如此才能確認自己的自備款及貸款支付能力，對未來購屋的「價格水準」範圍才能較有掌握。

第五，決定購屋區位。區位是進入市場的第一個關鍵，一般人看房子大概不會全台灣從台北看到高雄，通常都是從自己或家庭成員的工作、生活或就學等方面思考，先決定「大區位」如台北、台中或高雄，然後再決定「小區位」如大安區或士林區等。

第六，決定購屋產品類型。例如預售屋、新成屋或中古屋，透天、華廈、大樓或老公寓等，產品的選擇會因為自備款、收入及家庭成員的生活經驗與需求而有所不同。

第七，多了解好建商、好仲介、優良營造廠等，若有機會也可多認識建築師、室內設計師或地政士方面的朋友，碰到購屋疑難雜症時，就可尋求專業的協助。

透過上述七個步驟的思索，相信多數人應該都能掌握到自己的心中之尺。建立好心中之尺，代表己經準備好進入市場，對於對建商、業者或仲介提供的各式訊息，就可以從容面對。

▼▼「市場之尺」的六個小功課

兩位同學繼續問我：「老師有了心中之尺後，該如何認識『市場之尺』呢？」

對此問題，我通常會請他們認真思考下面六個小功課，繼續精進。

第一，買房子看個案重於看整體市場。市場分析指的是至少要做到對「總體市場」及「個案市場」的了解。總體市場即是指大環境，包括國內與國際經濟發展、劃定都市或都會區的範圍、該區域的供給需求分析及未來市場的判斷。

至於個案市場，不妨用小環境來思考，若把個案市場目標範圍界定在行政區，再來可更細緻了解區域內的社區個案、競爭個案、產品定位及訂價等，了解小區域內的供需關係。

購屋是每個人一輩子重要的抉擇，能夠事先做好功課及規劃，會是比較理想的過程。不過，學生也常提出很多例外，包括可能沒有財經背景的購屋人，未必能判斷未來經濟的好壞；也有工作忙碌的上班族，因為時間有限，無法做到完善的總體及個案分析。

如果無法做到百分百的功課，又該如何下手呢？其實購屋人若得在總體與個案市場間做選擇，我認為買房子重視個案分析要更優先於總體分析。這個想法與近年股票市場流行買ＥＴＦ大不同，因為ＥＴＦ投資的是大盤，是全體市場，但房子多數人是買來居住使用，因此要優先重視個案（個股分析）。

當然，若總體與個案走勢發生衝突時，不妨從規模大小做判斷，因為規模愈大，產品受到總體環境影響較大，規模愈小則受個案小環境的影響較大。

第二，認識市場的「供給」與「需求」。不管是總體或個案市場，掌握市場供需關係是最重要的核心。從個案市場來看，在文山區購屋置產為例，文山區的供給量指的是，在相同產品價格水準下，有「意願」且有「能力」提供在市場上的數量。

再更直白說，若想了解文山區的供給量，亦指文山區在市場上所提供的產品數量，用類型來區分就是預售屋、新成屋及中古屋的總量。

相反地，文山區的需求量是指有「意願」且有「能力」想在文山區置產的數量，這個需求很大一部分來自「家戶」成長和換屋自住的消費需求，以及長期包租公賺租金或短期投資客賺價差的投資需求。

要提醒的是，對於區域供給需求，不須事先區分投資或自住；但對沒有能力或意願的購屋者需求，不應納入當成實際的需求。這就好比剛畢業22K新鮮人，沒有能力買千萬法拉利，即便他們夢想成為車主，但車商也不會認為他們是行銷客群。

第三，確認「次市場」的範圍大小。因不動產產品具有異質性，所以不動產市場會因使用型態、價格等形成各種不同的次市場，這個觀念很重要。因為個別市場若出現「替代性」關係，「次市場」範圍內的供、需、價、量，就會彼此相互影響。

比方，信義區與南港區相距不遠，因而產生替代效果，當信義區的房價節節上漲時，購屋人就會考慮拉長交通時間，外移到鄰近的南港區，這就是「行政區」的替代性；還有一種是「產品」的替代，以總價三千萬為例，北投區可購置預售大樓，但在天母就能買到中古屋華廈，兩者可互為替代，也屬於同一個次市場。

第四，掌握房市「供給」的關鍵影響因素。三年前小P同學到桃園看屋，業者直說：「桃園青埔是重劃區有機場捷運及高鐵站，不僅交通便利，還有購物商場等，未來潛力可期。」對業者的行銷話術，我都建議小P不如親自到市場熟悉。

其實小P想取得供給數字很容易，因為台灣房地產是「供給」導向，業者或仲介提供的資訊相對多，比如預售屋新推案個案、建案開價數字、仲介成交數字等。對於需求數字的資訊，如結婚人口或分戶人口等新增的家戶數字，多數都得上網爬文研究。

■小提醒：多了解實際成交的資訊

面對業者提供的資訊，購屋人要仔細研究，比如，與其看業者的區域推案量，不如請他們提供該區域的實際成交率；或是當業者拿出區域新高價來拉抬聲勢，還不如多了解議價空間，也可以親自到「實價登錄」或「好時價」網站查詢。

提醒大家，在解讀供給或需求面的數字，都要建立「存量」與「流量」的概念。因為存量代表已經存在，也就是長期累積的住宅數量；流量則指是短期的變動，像是每季或每月的新增交易量。

影響供給面的因素有：土地及資金。若把房子當作麵包比喻，土地就是麵粉，也就是不動產供給的原料，若麵粉（土地）供給愈來愈稀有，（麵包）產品的價格自然增加，相反地，若土地供給彈性大，表示未來供給會增加，也就不利於區域房價的上漲。

資金雖然屬於短期因素，卻猶如房地產的加速器，容易點燃柴火。自金融海嘯之後，只要市場資金相對寬鬆、進入降息循環，在供給或需求兩方無不歡欣叫好；但相反地，若市場資金緊縮，進入升息階段，皆屬房地產負向因素。

第五，釐清房市「需求」的類型。需求又可從自住（首購或換屋）及投資（短期或長期）來觀察。影響需求面的因素以家戶成長是為重要關鍵，通常會用人口結構來分析家戶存量的變化。除此之外，購屋人可觀察所得變化、交通建設、生活機能等，特別要注意觀察所得變化，因為所得增加是驅動房地產價格上漲的實質動能，這代表原本沒有購屋能力的人，因為收入變好，反而可形成實質需求。

第六，了解房市「量先價行」的判斷。投資學裡有一套很簡單的量價分析，亦即只要供給大於需求，就是供過於求，價格會下跌；反之需求大於供給，代表供不應求，價格自然上漲。而在房市的量價分析中，通常量先價行，因此購屋人在判斷未來市場漲跌，成交量是先行指標，至於成交價則是落後指標。

最後，建議購屋人進入市場找房子時，除了上網搜尋比較之外，一定要親自現場多看些房屋，然後過濾到只剩最後二～三間，再用心中之尺及五大購屋元素來衡量利弊得失。因為心中之尺與市場之尺的最大差別是，心中之尺是偏重在「自己」對於房地產的「主觀效用」，而市場之尺則是展現「大眾」對房地產的「客觀認知」。購屋自住者在乎的是房屋對個人主觀的效用，投資者卻在乎大眾對房市的客觀認知，兩者的購屋決策大不相同。

04

認識人與房屋的生命週期

房屋老化vs.人口老化

從建築專業及國外經驗來看，三十年的房屋並不算老，不應把「老屋」跟「危屋」畫上等號，確保居住安全才是首要之務。

台灣房屋老化現象嚴重，逾三十年的老屋，過去十年暴增二百萬宅，增幅逾一倍，老屋占全國住宅比率已超過四七%。至於新增的新屋，過去十年僅增加約九十九萬宅，約只有老宅增加數量的一半，顯示全國新增住宅數量追不上住宅老化速度。

房屋老化七大問

關於房屋老化現象，有很多問題值得思考，像是：

第一，台灣以三十年屋齡界定為老屋（《危老條例》〔全名《都市危險及老舊建築物加速重建條例》〕規定三十年，相較歐美先進國家，許多百年老屋為木造、磚造，少有認為三十年為老屋）是否適當？其目的為何？

第二，危險房屋應該如何合理界定？住在三十年以上的老屋，真的全都很危險嗎?換言之,老屋等於危屋嗎?

第三,最關鍵的是,是否能夠避免當前房屋的老化現象?若無法避免,又該如何因應?

第四,我們是否真的必須且有能力快速地拆除老屋、重建新屋?更重要的是,拆老屋建新屋,勢必破壞好不容易歷經二、三十年以上才建立好的人文鄰里關係,加速老屋重建的得失又該如何衡量?

第五,老屋和危屋處理方式有何不同?老屋拆除重建與整建維護利弊得失為何?改善房屋老化還有那些方式?

第六,房屋老化的問題的改善,主要是誰的責任?屋主的責任與角色是什麼?

第七,政府面對房屋老化的責任與角色是什麼?相關法令政策與資源經費該如何分配?

從上述七個房屋老化的問題來看,相當複雜,因應之道的討論也不容易,但是若將房屋老化與人口老化相互對應思考,或許有相當幫助。既然台灣的房屋跟人口面臨老化的問題都無法避免,也就不用過度焦慮。**台灣人口老化無法避免,面對處理的方式應是多元化,讓不同老人有不同選擇**;雖然我們要鼓勵生育,顯然並不容易,要有許多配套措施並行。同樣的，**房屋老化我們不能避免，也需多元處理方式。都市老屋更新並不容易，尤其應該建立強制老屋健檢制度**，如同老車需要強制健檢一般，同時給予租稅誘因，**確保居住安全是首要面對房屋老化的工作。**

危屋和老屋應分開處理

從建築專業及國外經驗來看，三十年的房屋並不算老，因此不能把「老屋」跟「危屋」畫上等號，導致有許多老屋並非危屋，未必需要拆除重建。但只因為有政策誘因，能夠獲取更多容積獎勵及稅賦優惠，得到更多的個人利益，同時也為配合建商的獲利，而將不算老的「老屋」予以「拆除」跟「新建」，但如此不但浪費資源，而且也可能引起更多貪念，導致都更整合更加困難。因此，站在政府立場，「危屋」與「老屋」處理方式應不同，**危屋應強制且無法補強才必須拆除，而老屋只要定期健檢維修**，危屋與老屋應更嚴格明確的界定。

另外，拆除重建困難且容易產生爭議及鄰里結構的破壞，政府應重新調整老屋重建的資源分配，增加整建維護的資源，甚至可以將整建維護費用透過租稅抵扣方式提供誘因，如此也可以加強鄰里社區的參與自主的改善，不但能夠使老屋重生，社區鄰里更為穩定，二、三十年的老屋可持續住到五、六十年以上，也才能讓居住品質和都市發展、鄰里結構與社區歷史文化相互落實結合。

不論如何，房屋快速老化問題的確值得我們深思面對，並重新檢討當前政策方向，重新分配重建與整建維護資源，「以屋主為主，政府為輔」的角色責任，並重視「老屋健檢」以及「整建維護」工作，使「居住安全與品質」成為因應房屋老化的核心目標！

家庭與住宅的生命週期

台灣人的換屋時間較歐美長，當房屋逐漸老舊，都更遙遙無期的情況下，老屋的維護就更重要，特別是超過二十年以上的老屋，一定要定期健檢。

以往我上「住宅市場與政策」研究所第一堂課程，都會要求學生先寫個人的「居住史」，了解自己從出生到現在共住了多少個房子？每個房子住了多久？自己對每個房子喜歡或不喜歡的地方為何？進而從個人的居住史中，體認個人對房屋的偏好程度，建立起個人對住宅的「心中之尺」。

經過一學期的學習，大家不斷修正自己的心中之尺，同時了解「市場之尺」，然後，我會在最後一堂課，再要求學生設想：從現在到未來老年時，可能會住多少個什麼樣的房子？期待個人透過心中之尺與市場之尺的交集，逐漸實現自己居住的夢想。

另外，從房屋為主體的角度來看，房屋從新建完工到拆除重建，其屋齡有多長？會被多少家庭或個人住過？從新到舊，會經過多少次的整修維護？我們從房子的生命週期中，可以認識自己居住的房屋歷史，而其品質與價值又是如何變化？

一般而言，**房屋的生命週期隨著屋齡的增加，其居住品質將逐漸降低；然而，隨著家庭生命週期的成長，家庭所得及居住品質的要求將逐漸提升**，因此為改善居住品質，家庭就會產生換屋行為，原本房屋也產生「下濾」現象，換成較低所得家庭承住。透過家庭與住宅兩者彼此生命週期的相互認識與配合，提升家庭的居住品質才能更為積極落實。

老年與少子化影響

從家庭的生命週期來看，台灣早期曾調查一九九〇年家庭平均居住約一〇．二五年才搬遷，相較英國平均約六．六年顯然較長。顯示台灣較為安土重遷，也反映透過搬遷改善居住品質較為緩慢。雖然最近缺乏持續調查資料，但看到台灣近三十年來，房價上漲遠大於所得上漲的速度，可以想見，**台灣家庭的換屋能力愈顯困難，換屋期間將更為拉長**，如此一來，房屋愈漸老舊，其生命週期也將不斷增加，進而影響家庭的居住品質。

由於老年化及少子化的影響，家庭的生命週期也逐漸產生變化。單身未婚家戶逐漸增加，租屋及小宅需求也將增加，甚至分享住宅、青銀共居或合作住宅（co-housing）

也將逐漸興盛；年輕夫妻或有學齡前小孩的家庭，應會以打拚儲蓄、養兒育女為優先，買屋將排擠生活及小孩的照顧；青壯夫妻及有小孩就學的家庭，第一屋必須考慮小孩就學及夫妻工作，老舊公寓及大眾運輸可及的外圍地區可減少擁屋負擔。

再到中年夫婦，因經濟穩定且小孩逐漸長大，可以考慮換屋，較需重視住宅區位及品質，當然這過程也可能因小孩長大離巢，為改善生活品質，增加換屋頻率需求；最後來到退休夫婦，老年化現象應更重視居住品質與區位環境，房屋不需大，但公設管理要好，且有無障礙設施，能夠享受人生的黃金歲月，或許也可以考慮「以房養老」，在宅老化不用小孩照顧，老夫老妻可以享受有品味、有尊嚴的生活。

然而，家庭與住宅的生命週期如何妥適配合，以提升居住生活品質？在當前高房價的壓力下，並不容易。**在換屋時間逐漸拉長、房屋逐漸老舊、都市更新整合又遙遙無期的情況下，房屋的整建維護就愈顯重要**。特別是超過二十年以上的老屋，必須定期健檢，包括外牆的拉皮、結構補強到室內漏水、油漆裝潢等居住環境的改善。期待政府能將老屋健檢法制化，並將整建維護而非拆除重建做為未來都市更新的重點工作，如此延長房屋的生命週期才是提升居住品質的關鍵。

建立家宅履歷制度

最後有關家庭及住宅生命週期的調查研究仍相當不足，無法真正了解國人居住品質的變遷與困境。雖然中研院早已進行「華人家庭動態調查」，以同一家戶為主體的家庭社經結構長期追蹤變遷調查，成效卓著，也建議可再增加居住品質、產權與負擔能力的相關調查研究。

另外，過去主計總處原有住宅抽樣調查已多年沒有持續調查，甚為可惜，應可仿照中研院方式，以同一住宅為主體的住宅動態追蹤調查，以了解住宅品質及居住家庭的變化。

除此之外，內政部因為負責人口戶籍登記、房屋產權登記乃至實價登錄等相關資料，藉此資訊整合，可建立家庭與住宅完整生命週期的「履歷制度」，然後透過大數據分析，深入掌握國人居住品質的變遷，進而提出適宜的住宅政策，才能達到改善人民居住品質的目標。

都市更新的恐慌與因應

都更應該去商品化，回歸改善居住環境的目的，並建立多元的都更價值觀，才能避免恐慌。

都市恐慌症最典型的例子就是都市更新，也反映當前都市更新不易推動的困境。雖然都市更新不少是受到高房價的影響，將「都更商品化」的後果，但與高房價導致個人理想和現實差距的恐慌不太相同，這是感受到都市環境的惡化卻無力改善，所造成「集體共識」無法產生的恐慌。

都市更新原本的目的是在改善生活居住環境品質，提升都市環境景觀與發展，然而在近來高房價的影響下，都市更新已成為另一種投資賺錢的工具。猶記得早期老舊房屋的更新改善，就像舊車換新車般，自己出錢出力，沒有過度的期待與恐慌抱怨。然而隨著房價的急劇上漲，不但無法輕鬆換屋，反而期待透過都更可以不用出錢一坪換一坪，還要藉此賺錢。

天下沒有白吃的午餐，地主應真正參與了解

因此建商與地主不斷向政府施壓，要求政府提供更多的容積獎勵及稅賦優惠，甚至要求政府介入協商整合、進而拆除所謂的「釘子戶」。當都更地主各自的條件與價值觀不同時，少數地主無法產生共識，而政府角色又受限於公共利益獎勵及私有財產權介入的正當性，都更就陷入「改善環境」與「都更獲利」相互衝突的僵局。

都市更新的恐慌來自多方面：一**是對自我財產權價值不確定性的恐慌**。房產權益價值評估缺乏客觀一致標準，加上容積獎勵、稅賦優惠、一坪換一坪的白吃午餐心態，個人自有房產主觀價值與市場客觀價值有落差。

二是都更權益分配是否公平的恐慌。由於建商多私下個別與地主協商談判、簽同意書，個別地主條件不盡相同，兩者之間缺乏信任，擔心自身權益受到損失。

三是對都更愈晚同意獲利愈大的疑慮，尤其釘子戶可以獅子大開口，獲取最大利益；另外也可能因為居住價值觀差異，不願意參與都更，成為釘子戶。此二種釘子戶都可能形成少數不同意戶的恐慌。

當少數都更不同意戶造成都更集體共識無法形成，政府是否該動用公權力予以拆

除並要求強制參與都更？雖然依現行《都更條例》政府可以依法執行，但仍引起社會不少爭議與衝突，顯然社會各界仍有不同的價值觀。

因應之道，**若能盡量透過公開公正的專業協商平台，讓少數不同意戶改變心意，避免公權力的介入，應是上策；若少數不同意戶無法被說服改變心意，但若能夠予以劃開不參與都更，重新劃定都更同意範圍，應是中策；若無法劃開少數不同意戶都更範圍，如五樓的一樓，必須要很謹慎地遵守法律要求的「程序正義」，政府才依法執行公權力，是不得已的下策**。

總結都市更新的恐慌與因應，其核心根源有二：一是都更成為賺錢工具，形成商品化現象。因應之道即是都更去商品化，回歸改善居住生活環境的目的，都更必須投入心力，天下沒有白吃的午餐，地主唯有真正參與了解都更才能避免恐慌。

另一則是都更過去只有全面拆除重建的單一價值觀，若不願或無法拆除重建，即認定都更障礙，造成恐慌。因應之道是應建立多元的都更價值觀，老舊房屋的整建維護，不同大小規模範圍的拆除重建與整建維護並存，保持都市歷史紋理脈絡發展，容忍都更拆除與不拆除的多元價值，都市更新何來恐慌？如此不完美的都更，或許更是一種完美都更！

認清關鍵問題，才能有效推動都更

都更不成的主因是來自整合困難，而非極少的房地持有稅，希望政府及社會大眾都能認清關鍵、對症下藥，才能加速都更的推動。

蔡英文總統曾在二〇一六年拋出都更議題，希望透過老舊住宅的加速更新，解決居住安全、提升居住品質，並帶動經濟成長、提升國家競爭力。她所指示的三方向，包括容積獎勵、公股行庫參與都更和成立都更條例專責機構等，是否就能解決都更困境，達成目標？

首先，都更的容積獎勵、稅賦減免等傳統思維做法有其極限，不斷擴大提供誘因，其背後的正當性及後遺症，包括公共利益提供、都市環境承載、以及獎勵誘因的公平性，均應審慎評估。換言之，**「容積稅賦」就像「糖」，不是都更的萬靈丹，吃多了也會蛀牙**，不可不慎。

其次，公股行庫參與都更，除反映公有土地、公有資金的積極參與都更外，如何透過公股行庫解決民間都更土地信託整合及資金問題更是關鍵。也希望這背後不是隱含只有「公辦都更」的唯一思維。更重要的，應仔細思考政府在都更所應扮演的角色以及官僚體制的效率與限制，避免政府不當介入都更，混淆角色且沒有效率。

第三，當前欠缺完善的都更條例及專責機構，這絕對是關鍵問題，當然立法內容與機構的角色定位，應儘速達成共識，如此完成立法與成立機構，都更才能向前推動。

都更成功的三個因素

從過去都更成功與失敗的經驗中，我們又學習到什麼關鍵因素來推動都更呢？

第一，教育全民、認清都更不應「白吃午餐、不花力氣」。自己的居住環境必須自己救，更應體認改善生活安全品質遠比賺錢獲利重要。換言之，都更就像舊車換新車般，舊房子換新房子本來就是要多付出代價，若大家都想藉都更占到便宜，結果反而讓都更陷入困境。

因此，政府應積極在各地廣設「都更諮詢服務中心」，除大量宣導都更正確觀念外，同時提供個案諮詢服務。透過政府或專業ＮＧＯ團體輔導社區居民成立都更組織，協助整合都更意願。

第二，推動都更最關鍵的問題是「權益變換的爭議」。每人對自身都更前後的權益計算，欠缺專業與信任，加上不透明的私下協商過程，讓都更很難形成共識。

因此，政府應透過專業NGO團體建立「協商平台」，公正公開透明的提供專業協商機制，以展現其公信力，並明列在都更條例的法定程序上，提供專業協商報告供政府最後都更審議決策依據。

第三，都更另一關鍵問題是如何處理「關鍵少數地主阻礙都更全局」的困境。由於私有財產權的保障，如何避免少數地主受到迫害，或者大多數反被少數地主所綁架，的確不易釐清。

除上述透明協商機制外，強化程序正義，讓多數與少數者能夠經過都更條例法定程序的審議機制處理。協助少數者解決其困境是必要的思維，若不得已，能夠切除於重建範圍之外，改為整建並行，避免完美規模的都更方式，應是不錯選擇。當然若無法切除，且經法定程序的嚴謹過程，政府應依法處理，不宜怠惰。

最後，近來有少數人將無法推動都更歸咎於房屋稅和地價稅的調漲，完全扭曲事實。都更不成的主因是整合困難，而非地主為了極少的房地持有稅而寧可犧牲房價上漲的利益和改善生活品質的初衷。希望政府及社會各界都能認清都更困境的關鍵，對症下藥，才能加速都更的推動。

建立不完美主義的多元都更

從文林苑都更經驗中，讓我們學習到，
落實分配正義、多元價值、程序正義及永續環境，才是都更成功的關鍵。

曾經爭議多時的文林苑都更案，歷經抗爭，最後終於完工進住，原本是住戶歡喜的美事一樁，卻在政委張景森臉書kuso文林苑王家及當年抗爭人士，被各界一致批評不當發言，再度引發是否都更強拆家園及釘子戶獲利的爭議。面對這次文林苑風波，除了批判誰的是非對錯外，更應聚焦未來都更的應有作為，透過文林苑的教訓，讓台灣的都更能夠向前行。

個人曾在市府主持文林苑的爭議協商，雖然並未成功，但最終平和落幕。其中雖感受到各方的壓力與堅持，但更體會到社會各界對都市更新、落實居住正義的期待。從個人過去在都更學習及文林苑經驗中，提出下列四點心得分享。

文林苑都更案的啟示

第一，「分配正義」是都更成功的首要關鍵。不可諱言，都更涉及龐大利益的個人財產權，其前後的權益分配是否公平合理？是問題核心。都更權益分配包括各樓層地主之間、地主與建商實施者、政府公共利益及地主和實施者私人利益的三種分配，其中還包括都更容積獎勵的分配等。各種權益分配必須透過專業的估價師及公開透明的審議制度，讓分配正義得以落實。

第二，建立「多元價值」，都更才能遍地開花。有人喜歡拆除重建，有人只要整建維護，有人根本不想要任何改變，唯有透過「多元都更模式」，不必都要大規模的拆除重建，盡可能尊重個人價值觀，建立不完美主義信念，才能減少爭議，如此都更才可逐步推動，都市發展也才更有彈性與特色。換言之，沒有一種萬靈丹式的都更模式能適用社會多元價值。目前政府只強調「公辦都更」是未來都更的主要模式，令人憂心，除了政府官僚體制可能缺乏協商效率外，大規模的拆除重建，亦可能產生更大的價值觀衝突，反而不利都更的推動。

第三，避免都更爭議，要先完成「程序正義」。文林苑的許多爭議，主要來自程序正義的認知差距，包括範圍劃設、通知送達、協商談判、房屋預售、原屋重建、政府代拆等。因此，為確保程序正義的落實，除應盡速完備相關都更條例的法制，更需要有成熟的公民社會參與，這是強化人民對都更過程的了解；另外，加強建築師、估價師、律師等專業人士的協商機制平台，有助解決都更爭議的溝通與處理程序。

第四，建立「永續環境」的都更觀念。理想都更的永續環境包括：文化資產的保留、居民與鄰里關係的傳承、及安全環保綠建築的都市生態等三部分。都市更新最被詬病的就是「推土機式」的改善環境，建商把老房子推成平地，蓋上新的水泥叢林高樓大廈，換另一批新的居民進住，原有鄰里關係消失，形成社會學所謂的「仕紳化」現象。各地方政府應加強都市更新的相關設計審議規範，清楚計算容積獎勵的公共利益，確保都市更新的永續環境。

近年由於房地產的投資炒作，扭曲了都更本質。雖每人擁有老屋的區位及都更條件各有差異，大家都想要一坪換一坪，舊房換新房，不但不想要出錢，還希望能賺錢，如此導致都更推動的困境。然而都市更新是為了改善自己的生活環境，原本就應該自己花錢付出代價，不應該有白吃午餐的想法。政府與人民都必須認清都更不是為了讓資產增值，而是想保障居住安全，提高生活品質，留下美好的居住回憶。

老屋健檢效益大，應積極推動落實

台灣房屋密集，且老舊比例相當高，老屋的居住安全絕對不應忽視，各界應重視老屋、社區與都更的健檢制度，多加強事前防範，才能減少事後遺憾。

二〇一五年聯合報大樓因磁磚掉落，發生不幸砸死人的意外，事實上，類似意外事件過去也曾頻傳，只是沒有發生死亡，未引起社會重視。台北市三十年以上老舊建物占了一半以上，根據台北市建管單位估計，類似潛在危險案例有上千件，對行人造成莫大威脅。

老屋健檢的必要性，就如同上了年紀的個人或汽車必須要定期健檢一般，可以及早發現問題，及早治療，避免災害發生。老屋健檢政策最早是在二〇一三年由台北市政府率先提出試辦計畫，健檢內容包括：房屋結構、防火、避難、設備、外牆飾面及附掛物等安全項目，各項健檢結果按其優劣給予A至E級評等，健檢資訊僅提供房屋所有權人參考，不對外公開。台北市建管處也針對健檢申請人進行後續行動調查，發現對此政策的滿意度非常高，且有六一％住戶考慮進行必要修繕與維護，八％將申請老屋拉皮整建維護補助，一五％將整合住戶意願辦理都更。

二〇一六年，內政部曾提出老屋交易必須提供老屋健檢證明，引發各方爭議，最後在政策研擬檢討聲中，暫緩推動。顯示政策的提出欠缺完整政策分析與相關配套說明，導致立意良善的政策，未能受到民意代表及決策長官的支持而胎死腹中，反而形成老屋健檢的負面印象。

老屋健檢攸關全民安全

我和廖珮君、江穎慧教授於進一步針對台北市二十年以上且有管理維護組織的公寓大廈主委進行老屋健檢政策抽樣調查，分析健檢與否對後續行動影響，並探討老屋改善的行動機率與成本效益估計，二〇一七年於《都市與計劃》發表〈台北市老屋健檢之政策分析〉。我們利用老屋健檢申請案件二百三十三筆及屋齡二十年以上未參與健檢社區一百六十一筆為樣本，進行相互比較與機率模型分析。實證研究結果顯示，曾參與健檢者有意改善環境的機率較高，未曾參與老健檢者相較參與者，不採取行動的機率由二四％下降至一％；將採取都更行動機率由二六％提升至五九％。換言之，老屋健檢不僅增加住戶改善老屋的意願，更積極增進都更的行動。另外，此研究估算參與老屋健檢後，完成改善環境對公共安全產生之外部性效益，發現僅預防外牆磁磚掉落一項的益本比就二．〇四，更遑論尚未估算預防火災、地震天災及縮短都更整合時程之效益，顯示老屋健檢政策效益可觀，應予持續並擴大推廣。

檢視反對此政策者，多從健檢結果將影響房價與交易，而忽視了更重要的居住安全，因此為居住安全立法強制定期健檢，不需要與交易掛勾；也有批評健檢結果欠缺諮詢輔導後續改善配套機制，建議政府可以協助建立諮詢輔導團隊，協助社區後續改善，增加參與健檢誘因；還有批評健檢花費龐大，住戶缺乏意願，然由上述研究成果顯示，**老屋健檢的外部性及成本效益極大，政府補助有其正當性，透過健檢費用可在隔年所得稅抵扣方式，應可提升健檢誘因**。

社區管理健檢與都更健檢也需重視

此外，從老屋健檢經驗，也可看到一般公寓大廈社區管理仍有許多缺失，包括社區管委會及其委託的管理公司都缺乏經驗，造成社區管理的困境。因此，我在台北市府二〇一四年十月也提出了「社區管理健檢計畫」，在此計畫實施之前，我特別邀請東京都物業管理機構發揮其企業社會責任（CSR），義務健檢市府負責管理早期二十多處的國宅社區，提出社區管理健檢改善報告，同時建立一套社區管理健檢模式，希望**藉由社區管理健檢提升社區居住品質**。

我們也發現，不少社區住戶對都市更新的認知不足，尤其對自己所住的公寓大廈社區是否需要都更，或要都更又該如何進行等問題？社區住戶既期待又怕受傷害。因此，我在台北市府二〇一三年十二月又提出「都市更新健檢計畫」，透過市府主導成立的「財團法人都更推動中心」負責諮詢推廣，同時徵求多位都更專業者協助健檢服務。經由**都更健檢報告結果幫助社區釐清都更需要的成熟程度及相關問題，也藉此凝聚社區都更共識**，建立都更推動資訊的正確認知，減少都更推動的不信任感，進而縮短都更整合期程。

改善居住環境品質並加速推動都市更新，應是當前社會各界的優先共識，惟受限於私有財產權的保障，無法藉由他人代為改善其自身的居住環境，而透過不同方式與目的「健康檢查」手段，讓房屋所有權人能夠自我認知並產生行動，同時形成社區集體行動，應是首要關鍵步驟。

台灣房屋密集，且老舊的比例相當高，梁柱結構、防火避難設備、電梯乃至外牆磁磚等均容易造成不安全，特別台灣常有地震、颱風等天災，加上地質不良、土壤液化等問題，老舊房屋的居住安全絕對不應忽視。雖然政府目前因為《危老條例》的施行，也在推動老屋健檢，但並未形成法令制度，而社區管理健檢及都更健檢更是未見持續推動，社會大眾欠缺相關健檢觀念與行動，以致成效不彰。期盼各界重視從老屋、社區到都更的健檢制度建立並積極推動，以加強事前防範，才能減少事後遺憾，建立安全的居住環境。

如何面對人生的換屋課題？

老屋價格上漲的幅度顯然不及新屋，透過都更、整修或是搬到郊區，還是可以改善自己的生活品質。

面對當前的高房價，許多人感嘆根本買不起房子，年輕首購族只能望屋興嘆，抱怨自己生不逢時。然而有些人很慶幸早期在房價尚未飆漲之前，就已購屋擁有人生第一棟房屋。這十多年來，雖然這棟自住的房價也不斷上漲，但房子屋齡卻逐漸老舊，品質愈來愈差；在此同時，家庭小孩也不斷增加長大，房屋空間愈顯不足，必須思考是否要換屋才能改善生活品質。

我自己去年退休，最近很順利的將原有的二戶房屋賣出，同時將父親現住的第三屋抵押貸款，才能擁有現在退休居住的新屋，算是很幸運的完成人生最後一次的換屋經驗，開始享受我退休後山居歲月的第三人生。

過去早期我曾指導楊宗憲教授的博士論文〈第二屋購屋行為的實證研究〉，共同發表於二〇〇一年《住宅學報》。我們透過台北和新北的建物與戶籍登記及其相關資訊共二百二十二萬六千四百多筆存量資料，比對因買賣取得僅有二屋住宅的有效樣本一萬四千八百九十八筆進行分析。我們進一步透過戶籍地址與房屋坐落地址比對，判斷第二屋是自住或非自住標準，其中第二屋換屋自住占四四%，非自住占五六%。

先改善生活品質，再考慮投資

我們再進一步建立二項選擇羅吉特模型，實證研究結果發現，**第二屋換屋自住較非換屋自住者相比，自住買比第一屋面積大、屋齡較新的機率較高**，換言之，第二屋較第一屋品質較佳。而且**換屋者傾向買與第一屋同一類型或同一鄉鎮市區的房屋**，顯示換屋者在第二屋購買行為存有情感習慣性及地域性偏好。另外，換屋自住較非自住購屋時間間隔明顯較短，也說明自住相對於投資住宅的支出，會優先將預算花在自住上，改善生活品質，行有餘力，才會進行投資行為。

當然，此早期實證研究結果因房屋多以消費為主、投資為輔現象，或許與近年房價大幅飆漲，面臨許多換屋困境，過去與現在情況未必相同，值得後續進一步實證研究。

雖然換屋族比首購族幸運，但當換屋族到市場去搜尋較第一屋面積更大、品質更好、區位更佳的理想第二屋時，突然發現較為理想房子的價格，遠遠超過自己第一屋已經上漲的房價。換言之，老舊房屋價格上漲的幅度顯然不及新屋，若想要提升換屋品質，除非這十多年來的薪資所得能夠大幅增加，否則只能繼續被困住在老舊的第一屋。

當然也有這十多年來，自己和另一半共同努力打拚，賺取足夠的換屋資金，或是是上輩子修來福分，繼承祖先遺產或長輩資助、子女長大離巢賺錢，不論如何，換屋的財務壓力可以獲得解決。面對當前新冠疫情趨緩，又開始擔心房價是否會再度飆升？目前是否是換屋的好時機？有改善環境或換屋需求的族群應該如何因應？

首先，若第一屋出售資金不足換屋，可就地更新。建議可以考慮積極整合鄰居，進行都更或危老重建。只要原本第一屋區位條件還不錯，且鄰居的整合規模不算太大或複雜，就可積極找專業者協助處理。若是都更或危老重建複雜，遙遙無期，也可積極找建築專業者，將自家重新整修裝潢。雖然可能無法像日本節目「全能住宅改造王」一般大肆改造，但透過建築專業者的協助，絕對可以大幅改善居住空間品質。

其次，若換屋資金不夠雄厚，可以考慮以「時間換取空間」。若原本第一屋的區位條件不錯，原本住在第一圈，可以朝第二圈方向換屋，若原本住第二圈，可以朝第三圈換屋。因為房價中都市大區位占的比例最多，若透過便捷的交通，稍遠離原本較好區位，這樣可以換得較大面積、較新屋齡、且較好管理的新社區好產品，如此還是可以透過換屋改善生活品質。

第三，若換屋的資金較沒有壓力，則應多考慮區位、產品和管理。除非工作或就學的考量，否則仍應在原本居住地點附近，如此較不會因換屋必須要重新適應生活環境，重建鄰里人際關係。其中最重要還是**產品一定要比原先舊屋要新、面積要更寬敞、通光採光與景觀要更佳、公設及管理也要更好**，並重視室內設計、相關家具、燈光、色彩及裝潢布置都要更重視居住品質與品味。至於價格只要透過相關市場資訊或是「好時價」大數據估計相對合理即可，議價能力就看個人的手段高低了。最後有關時機的考量，因為**涉及有買有賣的換屋行為，好壞時機可以相互抵消，換屋不必太過在意時機**了。

最後，期待在不同的生命週期階段，包括剛出社會年輕人的租屋族、新婚夫婦的首購族、中年有小孩的換屋族及小孩離巢的退休族，不論租屋或買屋，都能擁有住房自由的快樂人生！

【張金鶚教室】

人與房子的生命週期

一般我們會把人生分成四個週期：單身族、新婚族、夾心族，退休族等，但人生有週期，房子亦有。房屋的生命週期主要是隨著屋齡的增加，但相對居住品質會逐漸降低，這次討論的重點就是透過家庭與住宅彼此生命週期的相互認識與配合，來提升家庭的居住品質。

當我們歷經求學、畢業、求職、成家、生子、退休等不同的人生歷程，面對每天陪伴我們的避風港，如何不讓房屋成為壓力來源，在每一個階段都能享受居住的自由人生，透過以下四個小故事，不妨可以思索一番。

▼▼單身族↓用租屋歷程了解心中之尺

陳同學五年前從台灣大學畢業，一直以來因為求學的關係住在公館一帶，也很習慣這附近的生活環境。畢業之後，他的工作地點正巧就在捷運台電大樓站附近，陳同學選擇離工作地點走路十分鐘的不遠處，租了一間學生套房，一張雙人床、一張書桌、一個衣櫥，占掉了大半個空間，雖然每月一萬元房租就占掉陳同學三成多的薪水，還好他一個人生活可以很簡單。

深知在台北生活實在不容易，剛出社會前三年，除了拚工作，他還上網自學第二專長，空閒的日子只是宅在家裡玩線上遊戲，偶爾才和三五好友外出打球，生活簡單平實，雖然住的空間是小了點，但為了存點錢，日子覺得還過得去。

至今公館的學生套房住了五年，工作認真負責的陳同學備受長官賞識，年終獎金領得比別人多，後來又陸續轉換二至三個工作，薪水跟著三級跳，他同時也有一個交往三年的女朋友。隨著感情穩定，心想一直住在學生套房也不是辦法，和女友數次討論後，兩人決定朝向結婚的共識邁進。

「究竟要先結婚，還是先買房？」陳同學一方面很茫然，也覺得壓力頗大，「我知道自己現階段買不起台北市的房子，如果要買在台北市外圍的郊區，通勤進入市區時間要花很長，還要重新適應一個陌生的生活圈，是否會增添困擾？」這讓陳同學有些惴惴不安，還好曾經在國外留學的女友，並沒有落入傳統買屋才能結婚的想法，討論之後，兩人決定先一起租屋，給自己三年目標存下頭期款，並多多累積看屋及居住的經驗。

「我們不想因為買房子，而失去兩人共同生活的品質。」女友說，在國外租房子是很稀鬆平常的，倒是怎麼把生活過得有情趣，才是兩人要學習的課題。由於陳同學的新工作地點在敦化南路二段，女友在南港工作，兩人最後協商在捷運永春站附近，租下老公寓的五樓頂樓生活，月租二萬二千元，他們打算最近先結婚，然後一起生活努力打拚，在三到五年內存到足夠的錢，而且兩人工作也較穩定，然後再買房子。

在八、九年級的世代，面臨的已經不是買屋或結婚的兩難抉擇，他們得接受大學畢業生薪水太低，房價卻驚驚漲的歷程，同時要面臨國際人才流通，是否可接受外派的彈性，還有是否有足夠就業競爭力等問題。

還好陳同學跟女友已進入職場，提早認清現實，也做好斜槓人生的準備，「我們不會只為了結婚而買房子，要買也是為了過好的生活品質，我們的目標是追求更豐富的人生和更完整的自己。」

▼▼新婚族↓買屋自住秉持中庸之道

出生於網路原生世代的陳同學及女友，他們懂得經營網路社群、利用網路無國界的特性做網拍、當網紅，甚至也接了不少網路的設計案。鼓勵他們堅持理想、摒除傳統老觀念的靈魂人物是比陳同學大五歲的二哥阿飛，他說，對自己人生負責的起點就是買一間好屋。

阿飛去年才剛剛結婚，夫妻倆分別在政大附近租屋多年，也都從事教職，兩人都認為成家後該計劃買房。政大附近的清幽與日常生活的便利性符合他們的日常作息，只是手邊的資金有限，他們想要購買兩房以上的產品，並預留未來寶寶加入家庭所需的空間，如果買在文山區，可能買到的坪數只適合兩人生活，且恐怕也只是小公寓。

阿飛與老婆平常喜歡相約登山，也愛去礁溪泡湯，夫妻倆往木柵外圍找房子，於是在深坑附近找到理想中的兩加一房電梯大樓。距離國道三號及五號不遠，兩人可以坐公車或開車到木柵通勤，週五下班開車半小時經雪隧即可到礁溪泡湯。房屋位在十樓華廈的六樓，格局方正，採光不錯，於是兩人決定在深坑購入他們第一個家。花了百萬元的裝潢，把舊房子變成溫馨浪漫的家園。

「當時如果一心只把眼光放在市中心或木柵，我就不會找到深坑這一戶高CP值的好房子。」阿飛算一算，自己的儲蓄加上家人幫忙的裝潢費，夫妻倆就靠自己就能扛起房貸，就算未來迎接新生命時也不至於太困窘。

阿飛最後接受在深坑地區購屋的想法，內心也經歷不斷的拔河。阿飛點出，雖說房地產不變的原則是：地段、地段、地段，但在高房價時代，買屋自住要把握中庸之道，也就是買交通方便的市郊第二圈或第三圈，並且更花心思在挑選鄰里社區和產品；相反地，如果只把眼光放在地段，只會買到市中心的老舊房子，當房子逼近耐用年限後，必須花時間等待都更，屆時很可能因為屋齡太高，影響接手者意願。

▼▼夾心族↓用第一屋聰明換好屋

當人生從青年進入中壯年時期，買屋要考慮什麼重點呢？陳太太的姊姊是一名護理師，十二年前嫁給了張醫師，成為人人稱羨的醫師娘。她嫁給張醫師時，正值金融海嘯，當時他們已準備好一筆自備款，趁著全球股市跌跌不休，房市急凍時大膽出手買屋，做好未來生子的準備。

他們選擇南港區門牌卻鄰近信義區的後山埤一帶，主要相中了捷運共構宅的便利性，以兩千萬元的價格購入格局方正且通方採光良好的小三房，大樓的管理很好，兩人上下班的交通方便，鄰近購物商圈與親山步道，生活機能很好，空間也足夠夫妻倆使用。

這十年來張醫師家裡添了兩個寶寶，眼看目前的房子無法應付未來的空間，於是有了換屋的想法。由於張醫師即將在大直開業，去年底就在附近物色他們的第二屋，幾年前兩人曾經很喜歡明水路巷子裡的一間電梯大廈，可以看見河岸景觀，正巧在今年初新冠肺炎疫情爆發後，該棟電梯大廈有房子出售，位於六樓高的四房格局、下樓就是公園，可以遠眺基隆河河岸景觀，符合一家四口的生活需求。

張醫師撥了一撥算盤，決定出售後山埤的捷運共構宅，沒想到很幸運地以三千萬元的價格出售出，並以四千八百萬元購入明水路屋齡二十年的中古屋，附近學區、生活機能都符合未來孩子的需求。在資金面上，若加上這十年來張醫師的積蓄，他換屋雖然沒有喘不過氣，「但第一屋買的區位與產品都不錯，才能順利增值又脫手，這才是主要原因。」

從首購到換屋，要達到住房自由的人生，得把握幾個重點：第一，第一屋是換屋的本錢，必須挑對好產品，換屋時能順利脫手，才能成為第二屋購屋本錢；第二，高房價時代，千萬不要有只買市中心的迷思，透過爬梳自己的心中之尺，與另一半討論未來的人生需求，一樣能夠有豐富的人生。

第三，買屋自住若以消費投資七比三的原則，第一屋為了順利脫手，房屋格局及通風採光的產品、鄰里生活環境的區位都要非常良好，之後每次換屋可以往逐漸拉高消費比重。最後，與首購相較，換屋的前提是地段要換得更好、空間要換得變大，同時生活也要更自由，否則沒有必要換屋。在五大元素裡，換屋時機反而最不重要，在區位的選擇中，大區位不重要，反而小區位——鄰里社區生活機能更值得重視。

▼▼退休族↓挑屋法則以居家生活為重

為張醫師裝潢新家的室內設計師詹先生，已經五十七歲，一雙孩子成年後紛紛離巢而居，過去因為工作需要寬敞空間，他選擇住在汐止山上八十坪、有著前庭車位的社區型透天別墅。隨著年紀漸長，他跟太太聊起兩人該如何迎接人生下半場，一起勾勒出未來的退休藍圖。

過去詹先生嚮往好山好水，把住家當成放鬆地方，家裡有著降板式的大浴缸，退休之後，他的工作減少，空間與時間都變多了，但反而希望搬進市中心，「這樣我們可以各自獨立，才不會退休相看兩厭。」夫妻異口同聲的說。

經過討論，詹氏夫妻對於退休宅只有二個要件，第一生活機能要是方便區域，不需要以車代步，出門走路可以當散步，就算晚上聽音樂會、看電影也不用擔心沒車子回家；另一方面他們期待住進飯店式管理社區大樓，有游泳池、健身房、交誼廳及圖書室等公設齊全的空間，最好還附帶管家服務，協助例行性的日常生活。另一個考量是，市中心距離醫院近，對有慢性病的詹太太來說，也減少往返的交通時間。

當了一輩子家庭主婦的詹太太，卸下人母及媳婦的工作後，過去人生都以孩子及先生為重，她希望退休能當自己，學習參與公益團體以及學國標舞，期待完成自己的夢想；忙碌一輩子的詹先生，事業逐漸交棒給專業經理人後，他不再把工作當成唯一，未來他要享受第三人生，多去爬山、運動、寫毛筆，享受全然的自由。

因此當他們用五千萬元賣掉別墅，換到市中心四十多坪全新的電梯華廈，不少鄰居勸他們三思，雖然空間變小，但打掃時間也減少，夫妻沒有任何不捨，因為二房雙衛浴空間的格局，也能各自擁有一個私密空間，不會互相干擾，反而更自由。

當人生責任完成大半，退休族面臨的住房選擇可能有二個。第一是從郊區換進市區一棟管理好、生活機能佳的好產品；另一種可能是從市區老房子換到市郊，住進有青山綠水環繞的市郊大房子。

只是不管是哪一種選擇，在退休時，房子不要成為負擔、變成財務黑洞是最大前提，行有餘力者，可以透過以大換小，或市區換郊區的方式，把部分房子價值變成退休的養老金，提高退休生活品質；若是一屋族，熟悉目前生活環境，不想換屋，不妨利用住宅逆向抵押貸款（以房養老），把不動產變成現金，提升年老的生活品質。

▼▼人生各不同，都能達到住房自由

總結來說，透過不同的人生拼湊出人與房子的生命週期，也許不是每個人都這麼幸運，在購屋的過程像上述的四個案例順風順水，然而透過他們的人生經驗，也許可以降低我們對買屋的恐懼，用理性科學的方式，規劃我們的購屋需求，讓我們可以住得更自由。

首先，陳同學出社會還買不起房子，所以選擇租屋，為了累積自己的資產，空間狹小也無所謂，也沒有居住品質可言。但從陳同學的租屋過程，也可以累積自己的居住經驗，了解自己對於居住空間的需求。而在與女友穩定交往之後，決定共同生活，更是兩人對居住空間品質的磨合與考驗，對於未來結婚與選擇兩人共同的住家都有幫助。

新婚族或首購族會面臨的是購屋資金的問題，因此會猶豫該選擇接近蛋黃區、但是空間較小的房子，還是選擇蛋白區或是蛋殼區的理想房子？而新婚族買下第一屋還要考量未來有了孩子後的換屋需求。阿飛因為資金的關係，選擇位在第三圈的深坑購入華廈，區位的鄰里生活機能及交通都不錯，產品的格局與採光也良好，當未來有小孩需要換屋的時候，一屋換一屋也可以減輕房貸的負擔。

對於張醫師來說，他第一屋買到的產品很不錯，管理也很好，又位在一個好的區位，當他面臨換屋需求時，賣出了一個好價格，也減少了換屋的壓力。我認為購屋最佳的消費與投資比重應該是七比三，對張醫師來說，他第一屋的消費與投資比重就抓得很不錯，透過產品、管理及區位，可以確保以消費為主的居住品質，至於買賣時機與價格，必須經過多年的時間考驗，其實是可遇不可求。

隨著人生走到下半場，面對瞬息萬變的社會，更應該找到屬於自己慢活享樂的退休生活。此時挑選的退休宅，已經不需要將投資放在高比重上，而是可以陪伴我們度過終老的舒適空間，從消費角度購屋反而更重要。

四種不同的人生週期，只要多聆聽自己內心的需求，勇敢追求不同人生階段的理想生活，就能達到不被房子牽絆的自由境界。

要生孩子還是要買房子？

高房價一定會排擠家庭資源的分配，
夫妻最好先溝通育兒和買房的優先順序，才能圓滿經營家庭關係。

面對當前高房價以及小孩的高養育花費，年輕夫婦努力工作賺錢，在所得增加有限的情況下，購屋與生育該如何優先選擇？是否會有「沒買房子不生孩子」或是「買了房子不敢生孩子」的衝突矛盾？年輕人面對當前高房價生育與購屋決策為何？高房價是否會衝擊當前少子化引發國安問題？

我和林佩萱博士、新加坡大學程天富教授，分別於二〇一六年在國內《台灣社會學刊》及國際學術期刊《Urban Studies》發表〈住房選擇對生育決策的影響〉。我們利用中研院一九九九～二〇〇九年「華人家庭動態資料庫」的長期追蹤調查資料，建立生育行為模型，分析購屋或租屋對家戶婚後生育時間的影響。

我們發現，**「先購屋後生育」相較於「未購屋先生育」的家庭，婚後至生育的間隔時間較長，而在房價景氣高漲時期購屋，將使生育時間更為延長**。這說明在有限的家庭資源中，購屋支出明顯排擠了生育小孩所需的資源，造成「**買房影響生孩子**」的情形，進而降低家戶生育率。

資源排擠效應無法避免

即使沒買房子，居住成本也對家戶生育時間造成影響，在外租屋的家庭相較於與原生家庭同住者，也有較長的婚後生育時間，因為在外租屋，除了要負擔租金，也降低了原生家庭資源協助的機會，如幫忙家務帶小孩等，而使婚後生育時間延後。當家戶將房子視為生育的前提要件時，便產生「未買房也影響生孩子」的情形。

另外，我們亦觀察生育第一個小孩時母親的年齡，探討買房或租房對家戶生育行為的影響；即比較自有房屋、在外租屋及與原生家庭同住家戶，生育第一個小孩時母親的年齡，發現自有房屋家戶母親的生育年齡大於在外租屋家戶，而在外租屋家戶母親的生育年齡亦大於與原生家庭同住家戶。因此，不論買房或租房，高房價都使得居住成本增加，都明顯影響家戶的生育決策與資源分配。

雖然當前的高房價影響購屋能力，讓許多人延後購屋；但高房價的預期增值，卻也提高了購屋意願，如此將加劇壓縮家庭生育的資源，更加延後生育。由於父母生育小孩有其年齡生理的限制，因此造成生育時間延後，不但可能影響生育率的下降，也可能造成生育與養育品質的不良後果，進而影響了生活與居住品質。

生理時鐘不能等

傳統價值觀中，生兒育女和購屋置產都是重要的人生階段，面對生孩子與買房子的衝突選擇，一般家庭是如何因應？

根據中研院的調查，在台灣早期（一九四三～一九六三年）出生者，一般家庭有九成是先生孩子，且生完孩子後平均超過十年才買房子。而近期受到高房價預期增值的影響，房屋商品化的結果，生子與買屋兩者的價值觀及優先次序是否改變，仍要繼續觀察。

生養孩子與買房子，都是家庭資源的重要支出項目，相較於生育孩子有生理年齡與不能後悔的限制，養房子的彈性就大得多；買不起房子，也可以租房子解決居住問題。建議新婚夫妻最好先討論是否要養兒育女，再決定是否買房。如果兩個都要，就必須決定哪個優先，如果同時生了孩子又買了房子，容易造成財務壓力，家庭生活更難經營圓滿。

由此可知，對年輕人族群來說，「高房價」的確會排擠生養下一代的優先順序。但每個人的生理時鐘不能等，如果你本身有生養小孩的計畫，這時真的有必要為了房子而放棄生孩子嗎？況且人生除了這兩項，還有工作、夢想等，孰輕孰重就考驗每個人的智慧了。

要不要與子女同住？

同住可能造成彼此的生活壓力與摩擦，不同住又有長照的擔憂，邁向高齡社會，我們需要多一些另類的高齡居住提案才行。

隨著全球人口高齡化，台灣也逐漸進入超高齡社會，老年人口快速增加所產生的長照問題也一一浮現，在高齡者的居住安排問題上，有關高齡者是否應該和子女同住的問題，也常被提出討論。

到底「老了跟誰住？」這個問題相當複雜，需要較為細緻化的討論。根據衛生署的調查，**老人與已婚子女同住比例，在一九八九～一九九九這十年間，由七一％大幅減少至四九％**。顯見國人的家庭結構已經有很大的變化。

我曾和張桂霖博士長期研究老人的居住安排，探討課題包括老人「一直與子女同住」、「搬去和子女同住」或是「子女搬回同住」等不同居住的安排，再到初老、中老、老老的居住安排如何轉變？部分研究成果在《人口學刊》、《都市與計劃》及《住宅學報》等學術期刊上都可以看得到，完整的研究成果更見諸於張桂霖的博士論文，提供各方參考。

研究中顯示，老人不與子女同住的比例正在持續增加，隱含「傳統家庭」價值觀的影響逐漸式微，而「經濟交換」價值觀的影響則逐漸增強，這對老人的長照問題從過去由家庭子女支持，到現在老人必須自我支持有明顯差異，這也更凸顯政府必須提供更多協助，以避免老人陷入長照困境。

從**「子女搬回同住」與「搬去和子女同住」比例為四比一**這項結果可以解讀出：前者老人經濟能力較強，且能避免老人的生活環境改變，這是較理想的老人居住安排；但即使是後者，也可減少老人長照問題，值得鼓勵。對此，政府應該提供更多的獎勵措施，以鼓勵子女與老人同住，如此就可減緩政府的長照壓力。

不如以「同鄰」替代「同住」

老人居住安排隨著年齡的增長，從初老、中老、到老老會產生與子女同住的不同變化。國外文獻研究顯示，年齡增加與子女共住機率呈U型關係，但研究國內同樣的狀況，卻呈現直線下降，顯示我們年紀愈大的老人愈需受到重視，對不同年齡或身心狀況的老人，政府應提供不同的居住協助，以符合不同年紀老人的需求。

根據調查，二〇〇三年到二〇〇七年老人居住安排從滿意變為不滿意者占一七％，而不滿意變為滿意者占一一％，顯示老人對居住安排不滿意的比例有增加趨勢。經實證研究，老人年齡較高者，轉變為不滿意的機率也較高，而宗教信仰則對居住安排的滿意度的轉變有正面影響。不論如何，政府社福單位應持續關注老人居住安排乃至長照服務的滿意度調查，以確實掌握老人的需求照顧，隨時調整老人的居住安排協助與長照政策的資源分配，才能有效提升老人的生活品質。

探討老了是否要跟子女同住，老人與子女的觀點未必相同。與子女同住可能會造成彼此的生活壓力與摩擦；而不與子女同住可能產生老人長照的擔憂。因此，另類的老人居住安排的選擇，就是老人與子女「同鄰」居住，如此或可避免「同住」的摩擦，也可減少「不同住」的長照擔憂。

日劇《房仲女王》就曾以兩代同住的問題當題材。在劇中，爸爸和兒子想住在一起，卻因為兩人的老婆（婆媳）反對而不敢說出口，最後由房仲發現這家人的煩惱，最後找到所謂的「雙世代住宅」，那是兩間雙拼獨棟的房子，各自有獨立的大門，屋內有門相通，讓兩代人既可維持各自的獨立，又可相互照應。可見隨著社會價值觀的變化，上下兩代同住與否的問題，已經不再有固定的答案，而解決之道也有百百種。

高齡化和高房價、繼承等房的困境

隨著未來子女大多可透過繼承或贈與擁有父母的房子，自住需求勢將逐漸舒緩，房價可望逐漸長期向下修正，高房價的現象應可逐漸改善。

據新聞報導，在高齡化和高房價的雙高衝擊下，二〇一九年房屋的繼承移轉創二十七年來新高，繼承移轉棟數自二〇〇一年後一路增加，二〇一八年單年超過五・六萬棟，創一九九一年有統計以來的新高；但贈與移轉自二〇一六年房地合一稅上路後，維持在四・一萬到四・三萬棟，較二〇一五年減少超過二成。

雖然這現象短期令人擔憂，**年輕人面對高房價買不起房子，只能經由繼承或贈與慢慢「等房」**。但長期由於少子化問題跟隨而來，加上當前有超過八〇％的房屋自有率，未來子女大多都可以透過繼承或贈與擁有上代父母的房子，自住需求的壓力將逐漸舒緩，長期則不必過度擔憂。

尤其目前房屋存量早已大於家戶存量，房屋供給超過自住需求，面對高房價及高空屋率，相信透過市場機制的健全、相關的稅制改革以及金融適度的調整，房屋的投資需求將逐漸減緩，高房價勢必逐漸下降調整，高房價的現象也會逐漸改善，大家也不必過度恐慌未來房價只漲不跌。

房屋繼承移轉將成主要趨勢

最明顯的例子，即是鄰近國家日本的發展經驗，過去同樣長期面對高齡化及高房價壓力下，經過近三十年「土地神話」的破滅，日本人不再相信房價只漲不跌，房價已明顯逐漸長期向下修正。

面對當前的高房價與低所得，房地產繼承移轉將愈來愈多，成為趨勢，由於高齡化的繼承移轉持續增加，年輕人擁屋時間也將延後，而且擁有的房屋多為老舊住房，其居住品質也將逐漸下降，年輕人屆時勢必透過整建維修或甚至都市更新重建，才能改善居住環境。因此隨著繼承移轉的增加，未來多元居住品質改善方式的需求也將愈來愈重要。

雖然在相關稅制檢討下，房屋贈與較房屋繼承不划算，因此未來繼承移轉逐漸增加。但另一方面，也由於年輕人所得有限，無太多餘力奉養父母，父母又在年金改革中受到減損，**高齡父母為求自保，也只能等到往生之後，才將房屋以繼承方式移轉給**

子女。因此未來房屋的繼承移轉勢必成為主要趨勢，可能衍生相關問題與爭議，當事人必須事先規劃。

小心房市調整過程的亂象

另一方面，在子女奉養能力有限下，父母「以房養老」的自力照顧方式將逐漸盛行，此時政府應鼓勵並提供多元的以房養老方案，以適應不同老人的需求，才能減輕為因應高齡化所產生老人長照問題的壓力。然而在以房養老後，接下來的房屋繼承也會增加年輕人的負擔與爭議，政府與金融機構必須及早因應。

房地產市場從短期失衡終將會隨著「市場機制」逐漸回到長期均衡狀態，然而這個調整過程，會因為「市場失靈」加上「政府失靈」，而使得整個調整時間變得很緩慢。尤其在這調整過程中，將會產生資訊扭曲，形成嚴重的投機套利行為，進而造成貧富差距擴大等市場效率不彰且不公平的現象。換言之，如果這個調整過程的時間拉得很長，**將會令人擔憂！**期待政府積極發揮功能，透過健全房市，並配合稅制與金融改革，建立制度，全力減緩房屋投資需求，保障自住需求，如此房市的正常合理化才能實現。

年金改革、長照負擔和以房養老

老一輩偏好不動產，有超過八成以上的房屋自有率，如何讓老人轉變觀念，從「養兒防老」到接受「以房養老」，是全民的共同課題。

最近年金改革引發退休老人的不安，擔心未來的生活缺乏保障。尤其在邁入高齡化的社會之際，該如何讓老人退休生活有品質、有尊嚴？

根據衛生署的調查顯示，老人不與子女同住的比例持續增加。過去我們多依賴良好的家庭結構與傳統孝道協助照顧老人的生活，然而近年受到少子化的影響，加上傳統價值觀的式微，老人必須加強自我規劃，才能照顧自己未來的生活。當然，這也凸顯政府必須提供更多協助，以避免老人陷入長照困境。

「在宅老化」與「以房養老」

由於國人在傳統「有土斯有財」的觀念下，特別老一輩的人都偏好購買不動產，有超過八成以上的房屋自有率。因此，許多退休老人的一生財富除了自有房產外，很多人沒有太多存款或其他投資，在有限的退休年金下，如何確保自身的生活尊嚴與品質？老人雖可以依賴家人的親情照顧，但為避免家人資源有限，無法完全負擔照顧責任，**老人一定要好好規劃自己未來的生活，除了退休年金和其他投資儲蓄外，似乎只有依賴「以房養老」最為可靠**。

以房養老的核心是「在宅老化」，訴求退休老人可以住在自己的房子，安享天年，還能在生前把房子變現金，增加退休後的生活費，如此可避免國人排斥老人搬去安養中心的顧慮。另外，由於台灣房地產價值較高，不論用何種方式進行以房養老，相對來說，房地產所提供的年金應可提升老人的生活品質與尊嚴。

我曾於二〇〇九年在以房養老研討會中提出三種模式，包括以銀行為主的**逆向抵押貸款模式（簡稱RM）**、以保險公司為主的**售後租回模式（簡稱SL）**和以社福機構為主的**社會照顧模式（簡稱SC）**，可避免目前僅有的RM模式，希望提供老人更多元的以房養老方式，**讓不同需求的老人有不同的選擇**。如此也讓更多的相關產業，包含金融業、壽險業、信託業、社福團體、房地產業、物業管理等能夠投入，擴大以房養老的照顧服務。

我和王健安教授於二〇一六年在《住宅學報》發表〈以房養老的社會福利效果〉。

我們透過不同的情境，如老人的存活年齡、不動產的價值、貸款成數與利率等模擬設算，用RM與SL模式分別分析所得替代率、支出覆蓋率等指標，推算以房養老所提升的社會福利效果，也藉此量化釐清SC模式所提供有形與無形服務的水準值。此研究說明以房養老確能提升老人生活水準，但其效果只是補充品而非替代品。

面對日益嚴重的高齡化社會，預期政府所需支付的老人社會保險及福利津貼將大幅增加，政府的財政能否負擔？令人擔憂。如何讓老人轉變觀念，先運用自己的財富來照顧自己，減少政府及家庭負擔，從過去「養兒防老」到「以房養老」，應是人民和政府必須共同重視的課題。

因此，建立多元完整的以房養老制度與政策，應為當前的重點工作。尤其在當前年金改革和長照負擔對老人未來生活產生壓力之際，將長照、社福和金融、壽險、信託、不動產結合以房養老，讓民間相關產業發揮市場力量，然後政府提供適當的獎勵與諮詢監督機制，以確保老人的未來能夠有尊嚴與品質的生活。由於以房養老制度與政策建立涉及政府各不同部會，以及當前許多現有法令的限制與競合，建議政府訂定「以房養老條例」專法據以施行。

後記
山居歲月的第三人生

六月底我在政治大學最後一位關門弟子終於口試畢業，對我而言，則是卸下了一份責任，教育工作者最大的欣慰無非是看著學生努力與成長，如同天下父母心一般。

二〇一九年七月三十一日，我正式從工作三十二年的政治大學退休，退休前人生最大的成就，就是和自己的學生共同建立了「鴨子家族」，每年都有固定聚會及旅遊。過去指導過的研究所碩士生有一百二十五位、博士生則有二十四位，他們都有很棒的表現，甚至更青出於藍。

找到退休好宅，啟動退休新生活

我退休規劃的起點，要回到經歷了近兩年的台北市副市長公職，並於二〇一六年出版《居住正義》一書之後，當時最大的體會是「身在公門好修行」。在這段公部門人生意外之旅的歷練中，感受到只要執政者能將心比心、理解整個社會的不公平，還是可以找到理想與實踐的平衡點。

而在離開公職同時，我也開始慢慢思考退休後的黃金二十年，我期待退休後，有時間、有些錢、有身體、有心情，退休一年後再來回顧，除了身體曾經微恙之外，其他幾乎都達成目標。

回顧這一年，最大的感觸是「退休真好！應該早一點享受人生」，我不僅從政治大學受邀到清華大學科技管理學院擔任榮譽講座教授，不但沒有完全離開最喜歡的教職，每週還能固定協助「好時價」公益平台的持續發展，奉獻一己之力；但最滿意且開心的是換到心中理想的退休住所，開啟第三人生的山居歲月，增加許多空間、時間可以學習新事務。

退休之前，太太一直擔心我退休後「沒事做」，因為每天不用早起到學校研究室，沒有學生壓力，會很不適應這樣的新生活。甚至可能因為在家時間變長、摩擦變多，反而影響彼此夫妻關係，但以上這些太太的擔心完全沒有發生。

歸納退休與擔任教職時的生活，之所以能夠無縫接軌，有三個主因：

第一，**順利換到退休好宅**。很幸運地，我換到這間理想中六十坪的居所，離城卻不離塵，室內規劃二個獨立卻又互通的套房，還有一個大書房，所有的裝潢設計約占房價的一成。

而這一切要歸功於我找到一對好的室內設計師——陳慶融建築師夫婦，因為好的設計師能夠替客戶設身處地著想，做出適當的空間配置、動線安排，甚至可以施工統包，並針對所有的細節如家具、燈具、植栽、家飾等，提出專業的建議。因為找到好的設計師，才能輕鬆搬家，讓剛退休的我不至於忙亂無章。

過去我的工作與生活的比重為七比三，工作空間泰半仰賴政大地政系的教授研究室及房地產研究中心；但退休後工作比重反降至三成，生活空間以居家為主，而這間微山丘的好住所，讓我很享受宅在家，這是奠定退休擁有好生活的關鍵。

第二，**仍投身於個人專業領域**。我一生的專業是房地產領域，目前每週日常例行性工作包括去清華大學計量財務金融系兼課、每週至臺灣土地銀行開常董會，並持續維持過去進行的研究案，協助好時價公益平台發展，讓整體房地產有更好用、更公平的平台，且投身各類型公益活動。

最後，我**利用七成閒暇時間學習「過去沒有的嘗試」**，比如學畫及古典音樂課程欣賞。退休後學習作畫是個機緣，因為剛好碰到一位過去的高中同學在文山會館教畫，但激起我學習的動力是，早期在讀中原大學建築系時，每次只要交繪畫相關作業，自己都有深深無力感，覺得相形見絀，於是出國進修時選擇都市計劃與房地產專業，當了建築系的逃兵。如今退休後再學習，沒有比較的心情與壓力，一切歸零，我從素描開始學習，進階到廣告顏料和水彩，再到油畫，二〇二〇年十月預計和老師一起開畫展，展現一年來的學習成果。

此外，我也學習用不同眼光看台灣，不論是透過旅遊民宿看台灣建築，或是爬山了解台灣古道，甚至學習攝影，把台灣之美記錄下來，這些有別於教書的興趣，增添退休的樂趣。

給未來的五大期許

除了工作之外，我日常休閒多半注重健康與養生。退休後我維持之前每日走路萬步習慣，每週固定進行爬山、泡湯的休閒活動；同時每月讀好書、看中外古典小說、觀賞Netflix電影、聽音樂會、欣賞藝文活動等，另外每季約三、五好友一起出國旅遊或國內輕旅遊等，豐富我的身心靈生活。

二〇二〇年初意外生病，住在醫院的二十四天裡，我寫下自己對未來退休的期許：

1、**最重要的是維持健康的身體**，注重養生，定期去醫院檢查身體，少量多餐，充分睡眠，不要熬夜。

2、**要即時去做自己年輕沒時間做而想做的事**，不要讓夢想成為遺憾。

3、**要去學習新鮮的事物，體驗新的人生經驗與生活**，但提醒自己要慢慢來，以免造成學習壓力。

4、**要傳承並分享專業經驗**，讓年輕人及社會愈來愈好，也讓自己快樂，這也是我一直主張「利人利己」的快樂人生。

63 歲退休前 vs. 66 歲退休後——人生五大面向的評估

分數	0	1	2	3	4	5
工作			＊			V
健康				V	＊	
財富			＊	V		
親情				V	＊	
夢想				V		＊

說明：63歲是V、66歲是＊

5、要重視並關心家人及好友，過著精緻有品味的生活，品嘗美食，強調品質，享受家裡及社區環境生活，生活精簡，保持慢活與樂活人生。

國家圖書館出版品預行編目(CIP)資料

住房自由的人生：房地產專家張金鶚教你活用七三法則、大數據,找回居住自主權 / 張金鶚著. -- 第一版. -- 臺北市：遠見天下文化, 2020.07

面；　公分. -- (財經企管)

ISBN 978-986-5535-31-5 (平裝)

1.不動產業 2.市場分析

554.89　　109009269

財經企管 BCB706

住房自由的人生

房地產專家張金鶚教你活用七三法則、大數據，找回居住自主權

作者 — 張金鶚
文字協力 — 劉育菁、高妙慧

總編輯 — 吳佩穎
副主編暨責任編輯 — 陳珮真
校對協力 — 賴仕豪
封面設計 — 張議文
封面攝影 — 張智傑

出版者 — 遠見天下文化出版股份有限公司
創辦人 — 高希均、王力行
遠見．天下文化 事業群董事長 — 高希均
事業群發行人／CEO — 王力行
天下文化社長 — 林天來
天下文化總經理 — 林芳燕
國際事務開發部兼版權中心總監 — 潘欣
法律顧問 — 理律法律事務所陳長文律師
著作權顧問 — 魏啟翔律師
社址 — 臺北市 104 松江路 93 巷 1 號
讀者服務專線 — 02-2662-0012 ｜傳真 — 02-2662-0007；02-2662-0009
電子郵件信箱 — cwpc@cwgv.com.tw
直接郵撥帳號 — 1326703-6 遠見天下文化出版股份有限公司

電腦排版 — 極翔企業有限公司
製版廠 — 東豪印刷事業有限公司
印刷廠 — 中原造像股份有限公司
裝訂廠 — 中原造像股份有限公司
登記證 — 局版台業字第 2517 號
總經銷 — 大和書報圖書股份有限公司 電話｜ 02-8990-2588
出版日期 — 2020 年 7 月 22 日第一版第 1 次印行
2023 年 4 月 25 日第一版第 4 次印行

定價 — NT 400 元
ISBN — 978-986-5535-31-5
書號 — BCB706
天下文化官網 — bookzone.cwgv.com.tw

天下文化
BELIEVE IN READING